Mein großes Wörterbuch für die Grundschule

Mit Bildwörter-
buch Englisch

compact

Baierbrunner Straße 27, 81379 München
Ausgabe 2014
2. Auflage

Text: Anemone Fesl, Kerstin Stricker
Chefredaktion: Dr. Matthias Feldbaum
Redaktion: Astrid Kaufmann
Produktion: Ute Hausleiter
Abbildungen: siehe Bildnachweis, S. 160
Titelabbildungen: Mädchen und Katze: Liusa (shutterstock),
Buchstaben: Lorelyn Medina (shutterstock)
Gestaltung: X-Design, München
Umschlaggestaltung: X-Design, München

ISBN 978-3-8174-8992-3
381748992/2

www.compactverlag.de

Inhaltsverzeichnis

Liebe Leserin, lieber Leser,

wenn du einen Brief, eine Geschichte oder ein Diktat schreibst, kommt es immer mal wieder vor, dass du dir bei dem einen oder anderen Wort unsicher bist, wie es geschrieben wird.
In so einem Fall nimmst du dein neues Wörterbuch zur Hand. Es wird dir bestimmt weiterhelfen. Damit du möglichst schnell ans Ziel kommst, musst du natürlich wissen, wie du mit einem Wörterbuch richtig umgehst. Genau das wirst du auf den nächsten Seiten erfahren.

Wie kann ich ein Wort möglichst schnell finden?
Nehmen wir einmal an, du möchtest wissen, wie *Geburtstag* geschrieben wird. Was machst du nun? Gehst du das ganze Wörterbuch durch, bis du zufällig auf das gesuchte Wort stößt? „Das dauert ja viel zu lange", wirst du verärgert einwenden.
Und du hast Recht! Zunächst musst du nämlich immer auf den Anfangsbuchstaben des gesuchten Wortes schauen. Er weist dir den Weg zu dem Bereich, wo dein Wort eingeordnet ist.

Und damit du nicht das gesamte Wörterbuch nach diesem Buchstaben durchsehen musst, ist es wichtig, dass du das ABC beherrschst. Denn danach ist jedes Wörterbuch aufgebaut. Die Wörter sind darin alphabetisch sortiert. Erst kommen diejenigen mit A, dann die mit B, darauf die mit C und so weiter.
Für den Fall, dass du dir beim Alphabet noch etwas unsicher bist, kannst du auf jeder Seite des Wörterverzeichnisses kurz spicken, denn hier ist jeweils am äußeren Rand das gesamte ABC angegeben. Der Buchstabe, um den es auf der Seite geht, ist jeweils mit einer kräftigen Farbe hinterlegt.

Es genügt jedoch noch nicht ganz, wenn du das Alphabet in der richtigen Reihenfolge beherrschst. Du solltest es auch durcheinander können. Nur so weißt du, ob du das gewünschte Wort weiter vorn, in der Mitte oder eher im hinteren Teil des Wörterbuchs suchen musst. Eine solche Einteilungsmöglichkeit findest du im Übungsteil bei der vierten Aufgabe.

So, nun weißt du, dass dir der Anfangsbuchstabe entscheidend weiterhilft.
Aber wie ist es mit zwei Wörtern, die mit dem gleichen Buchstaben beginnen? Wie sind diese sortiert? Um das herauszufinden, musst du ebenfalls kein Zauberer sein. Jetzt kommt es nämlich auf den zweiten Buchstaben an. So steht etwa unter dem Buchstaben *G* das Wort *gucken* nach dem Wort *grüßen*, da das *U* im Alphabet weiter hinten steht als das *R*. Ist auch der zweite Buchstabe gleich, entscheidet der dritte Buchstabe über die Reihenfolge und so weiter.

Jetzt weißt du also, wie wichtig es ist, dass du dich mit dem ABC gut auskennst. Falls du noch Schwierigkeiten hast, gibt es im Übungsteil verschiedene Aufgaben, die dir dabei helfen, das Alphabet zu trainieren.

Eine weitere Orientierungshilfe stellen die Buchstaben in den Kopfzeilen der einzelnen Spalten dar. Mit ihrer Hilfe kannst du auf einen Blick erkennen, ob das gesuchte Wort überhaupt in der betreffenden Spalte stehen kann. Du wirst zum Beispiel *Musik* niemals in der Spalte mit den Kopfbuchstaben *mi, mo* finden. Da bist du noch nicht weit genug und musst in der nächsten Spalte schauen.

Wörter mit den Umlauten *ä, ö, ü* werden übrigens wie die Wörter mit *a*, *o* und *u* eingeordnet. Besteht der Unterschied nur im Umlaut selbst, kommt das Wort ohne Umlaut zuerst.

Zum Beispiel: **verwunschen**
verwünschen

Die Wortarten

Um dir die Arbeit mit dem Wörterbuch zu erleichtern, wurden die drei wichtigsten Wortarten in unterschiedlichen Farben abgedruckt. So erkennst du auf einen Blick, um welche Wortart es sich handelt.

Das Nomen (du kennst es auch als Namenwort oder Substantiv) ist blau. Es steht immer der richtige Artikel (Begleiter) davor, dahinter findest du den Plural, also die Mehrzahlform. Denke daran, dass du Nomen immer großschreibst!

Zum Beispiel: der **Baum**,
die Bäume

Das Verb (Tunwort) ist die am häufigsten verwendete Wortart, es beschreibt, was jemand tut. Alle Vertreter dieser Wortart sind hier in grüner Schrift abgedruckt. Verben können in den Zeitformen *Gegenwart*, *Vergangenheit* und *Zukunft* stehen. Normalerweise ist nur die Grundform des Verbs angegeben. Ist es aber ein unregelmäßiges Verb und weicht die Schreibung der anderen Formen stark von der Grundform ab, werden auch diese Sonderformen aufgeführt. Besonders schwierige Formen gibt es sogar als eigenen Eintrag. Ein grauer Pfeil → verweist dann auf die Grundform.

Das Wort *essen* findest du deshalb nicht nur unter *E*, sondern auch unter *I* und *A*:

essen, er isst, er aß, er hat gegessen
er **aß** → essen
er **isst** → essen

Das Adjektiv oder Eigenschaftswort ist die dritte wichtige Wortart. Ihre Vertreter sind in diesem Wörterbuch rot gedruckt. Genau wie die Verben schreibst du auch die Adjektive klein. Adjektive kannst du steigern. In diesem Wörterbuch findest du normalerweise nur die Grundform, außer es handelt sich um besonders schwierige Steigerungsformen.

Zum Beispiel: **gut**, besser, am besten

Alle anderen Wortarten sind **schwarz** gedruckt.

Die Trennung von Wörtern
Ganz oft musst du wissen, wie man ein Wort trennen kann, beispielsweise wenn du am Ende einer Zeile angelangt bist. Meist kannst du das herausfinden, indem du es ganz langsam und deutlich sprichst und dabei in seine Sprechsilben zerlegst. Für den Fall, dass du dir aber doch einmal unsicher bist, helfen dir die Trennstriche weiter.

Zum Beispiel: das **Ju|bi|lä|um**

Achtung: Manche Wörter kannst du auf verschiedene Arten trennen. In diesem Fall sind beide Möglichkeiten unmittelbar nacheinander angegeben: **hi|naus, hin|aus**.

Schreibvarianten

Es gibt sogar einige Wörter, die du auf zwei verschiedene Arten schreiben darfst. In so einem Fall sind beide Varianten aufgelistet. Hat die eine Schreibweise einen anderen Anfangsbuchstaben, dann erscheint der Begriff noch an einer weiteren Stelle im Wörterverzeichnis:

Unter dem Buchstaben F: die **Fantasie**, auch: die Phantasie
Unter dem Buchstaben P: die **Phantasie**, auch: die Fantasie

Infokästen

Wie dir beim Nachschlagen sicherlich auffallen wird, gibt es im Wörterverzeichnis immer wieder Infokästen, die so ähnlich gestaltet sind, wie dieser Textabschnitt. Dort findest du zusätzliche Erklärungen zu einem bestimmten Eintrag.

Der Übungsteil

Hier findest du viele abwechslungsreiche Übungsaufgaben, mit deren Hilfe du den Umgang mit dem Wörterbuch üben kannst.

Das Bildwörterbuch Englisch

Vermutlich lernst du in der Schule auch schon Englisch – dann kannst du auf den letzten Seiten dieses Buches spielerisch deinen Wortschatz trainieren. Auf acht Doppelseiten zu Themen aus deinem Alltag findest du spannende Suchbilder mit den wichtigsten Vokabeln.

Und nun viel Spaß beim Nachschlagen und Üben!

der Aal, die Aale
das Aas, die Aase

> Ein Doppelselbstlaut – wie das *aa* in *Aal* und *Aas* – zeigt dir an, dass du das *a* lang sprechen musst. Meist befindet sich der Doppelselbstlaut aber nicht am Wortanfang, sondern in der Mitte. Den Doppelselbstlaut *aa* findest du zum Beispiel auch in *das Haar, das Paar, die Saat, der Saal.*

ab
die Ab|bil|dung, die Abbildungen
der Ab|bruch, die Abbrüche
das Abc
der Abc-Schüt|ze, die Abc-Schützen
der Abend, die Abende
abends
das Aben|teu|er, die Abenteuer
aben|teu|er|lich
der Aben|teu|er|spiel|platz, die Abenteuerspielplätze
aber
der Aber|glau|be
aber|gläu|bisch
ab|fah|ren, du fährst ab → fahren
die Ab|fahrt, die Abfahrten
der Ab|fall, die Abfälle
ab|flie|gen, du fliegst ab → fliegen
der Ab|flug, die Abflüge
der Ab|fluss, die Abflüsse
ab|fra|gen, du fragst ab
ab|ge|le|gen
der Ab|grund, die Abgründe
ab|gu|cken, du guckst ab
der Ab|hang, die Abhänge
das Abi|tur, Ab|itur

Aa Bb Cc Dd Ee Ff Gg Hh Ii Jj Kk Ll Mm Nn Oo Pp Qq Rr Ss Tt Uu Vv Ww Xx Yy Zz

Aa Bb Cc Dd Ee Ff Gg Hh Ii Jj Kk Ll Mm Nn Oo Pp Qq Rr Ss Tt Uu Vv Ww Xx Yy Zz

die **Ab|kür|zung**, die Abkürzungen
ab|le|cken, du leckst ab
ab|leh|nen, du lehnst ab
ab|len|ken, du lenkst ab
ab|ma|chen, du machst ab
das **Abon|ne|ment**, die Abonnements
abon|nie|ren
ab|pau|sen
der **Ab|riss**, die Abrisse

der **Ab|schied**, die Abschiede
der **Ab|schnitt**, die Abschnitte
ab|seits
ab|sen|den, du sendest ab
der **Ab|sen|der**, die Absender
die **Ab|sicht**, die Absichten
ab|sicht|lich
ab|spü|len, du spülst ab
ab|stam|men, du stammst ab
die **Ab|stam|mung**
der **Ab|stand**, die Abstände
ab|stei|gen, er steigt ab → steigen
ab|stel|len, du stellst ab
der **Ab|stieg**, die Abstiege
ab|stim|men, sie stimmen ab
der **Ab|sturz**, die Abstürze
ab|stür|zen, er stürzt ab
das **Ab|teil**, die Abteile

ab|trock|nen, du trocknest ab
ab|wärts
der **Ab|wasch**
ab|wa|schen, du wäschst ab → waschen
die **Ab|wechs|lung**, die Abwechslungen
ab|wechs|lungs|reich
die **Ab|wehr**
ab|weh|ren, du wehrst ab
der **Ab|zähl|reim**, die Abzählreime
das **Ab|zei|chen**, die Abzeichen
die **Ach|se**, die Achsen
die **Ach|sel**, die Achseln
acht
Acht ge|ben

ach|ten
die **Ach|ter|bahn**, die Achterbahnen
acht|los
die **Ach|tung**
acht|zig

äch|zen
der **Acker**, die Äcker
ackern
der **Adel**
die **Ader**, die Adern
das **Ad|jek|tiv**, die Adjektive
der **Ad|ler**, die Adler
ad|op|tie|ren
der **Ad|res|sat**, die Adressaten

> Der *Adressat* ist derjenige, der einen Brief erhält. Derjenige, der den Brief geschrieben und abgeschickt hat, heißt *Adressant*.

die **Ad|res|se**, die Adressen
ad|res|sie|ren
der **Ad|vent**

der **Af|fe**, die Affen
Af|ri|ka
af|ri|ka|nisch
die **AG**, die AGs

> *AG* ist die Abkürzung für *Arbeitsgemeinschaft*.

die **Ag|gres|si|on**, die Aggressionen
ag|gres|siv

Ägyp|ten
ägyp|tisch
ah|nen
ähn|lich
ah|nungs|los
die **Äh|re**, die Ähren
(das) **Aids**
der **Ak|kord**, die Akkorde
der **Ak|ku**, die Akkus
der **Ak|ku|sa|tiv**
ak|tiv
der **Alarm**, die Alarme
al|bern
der **Alb|traum**, auch: der Alptraum, die Albträume
das **Al|bum**, die Alben
der **Al|ko|hol**
Al|lah
al|le, alles
die **Al|lee**, die Alleen
al|lein
die **Al|ler|gie**, die Allergien
all|ge|mein
all|mäh|lich
der **All|tag**
die **Al|pen**

> Manche Wörter kommen nur in der Mehrzahl (= Plural) vor. So kann man zum Beispiel vom Wort *Alpen* keine Einzahl (= Singular) bilden.

das **Al|pha|bet**
al|pha|be|tisch

als
al|so
alt, älter, am ältesten
der **Al|tar**, die Altäre
das **Al|ter**
das **Al|ter|tum**
alt|klug
alt|mo|disch
das **Alt|pa|pier**
die **Alu|fo|lie**
am
das **Am|bu|lanz**, die Ambu-lanzen
die **Amei|se**, die Ameisen

Ame|ri|ka
ame|ri|ka|nisch
die **Am|pel**, die Ampeln
die **Am|sel**, die Amseln
das **Amt**, die Ämter
an
an|bie|ten, du bietest an → bieten
an|de|rer, andere, anderes
an|de|rer|seits
än|dern
an|ders
an|fäl|lig
der **An|fang**, die Anfänge
an|fan|gen, du fängst an, du fingst an, du hast angefangen
der **An|ge|ber**, die Angeber
das **An|ge|bot**, die Angebote
die **An|gel**, die Angeln
an|geln, ich angle, er angelt
an|ge|nehm
sich **an|ge|wöh|nen**, sie gewöhnt sich an
die **An|ge|wohn|heit**, die Angewohnheiten
an|grei|fen, du greifst an → greifen
der **An|griff**, die Angriffe
die **Angst**, die Ängste
ängst|lich
der **An|hän|ger**, die Anhänger
der **An|ker**, die Anker
an|kom|men, du kommst an → kommen
die **An|kunft**
an|leh|nen, er lehnt an
an|lü|gen, er log an, er hat angelogen
an|ma|len, du malst an
an|neh|men, du nimmst an → nehmen
der **Ano|rak**, die Anoraks

die **An|re|de**
an|ru|fen, du rufst an → rufen
an|schau|lich
an|schei|nend
der **An|schluss**, die Anschlüsse
die **An|schrift**, die Anschriften

an|se|hen, du siehst an → sehen
an|stän|dig
an|statt
an|ste|cken, du steckst an
an|ste|ckend
an|stel|le, auch: an Stelle
sich an|stel|len, du stellst dich an
sich an|stren|gen, du strengst dich an
an|stren|gend
die An|ten|ne, die Antennen
der An|trag, die Anträge
die Ant|wort, die Antworten
ant|wor|ten
die An|zahl
die An|zei|ge, die Anzeigen
an|zei|gen
sich an|zie|hen, du ziehst dich an → ziehen
der An|zug, die Anzüge
an|zün|den, sie zündete an, sie hat angezündet
der Ap|fel, die Äpfel

Es gibt viele zusammengesetzte Begriffe, in denen das Wort *Apfel* enthalten ist. Manchmal steht es am Wortanfang, manchmal am Wortende: *Apfel*baum, *Apfel*saft, *Apfel*kuchen, *Apfel*ernte, Brat*apfel* …

die Apo|the|ke, die Apotheken
der Ap|pa|rat, die Apparate
der Ap|pe|tit
ap|pe|tit|lich
der Ap|plaus
der April
das Aqua|ri|um, die Aquarien

der Äqua|tor
die Ar|beit, die Arbeiten
ar|bei|ten
ar|beits|los
der Ar|beits|lo|se, die Arbeitslosen
der Ar|chi|tekt, die Architekten
der Är|ger
är|ger|lich
är|gern
arg|los
arm, ärmer, am ärmsten
der Arm, die Arme
die Ar|mee, die Armeen
der Är|mel, die Ärmel

die Ar|mut
die Art, die Arten
ar|tig

der **Ar|ti|kel**, die Artikel
die **Arz|nei**, die Arzneien
der **Arzt**, die Ärzte
die **Asche**
asch|fahl
asi|a|tisch
Asi|en
er **aß** → essen
der **Ast**, die Äste
der **Atem**
atem|los
der **At|lan|tik**
der **At|las**, die Atlanten, auch: die Atlasse

> Bei manchen Wörtern kann man die Mehrzahl auf zwei unterschiedliche Arten bilden. Es ist *dir* überlassen, ob du *die Atlanten* oder *die Atlasse* sagst. Beides ist richtig.

at|men
auch
auf
der **Auf|bau**
auf|blü|hen, du blühst auf
der **Auf|bruch**, die Aufbrüche
die **Auf|ga|be**, die Aufgaben
auf|hö|ren, er hört auf
auf|klä|ren, du klärst auf

der **Auf|kle|ber**, die Aufkleber
auf|merk|sam
die **Auf|merk|sam|keit**, die Aufmerksamkeiten
auf|räu|men, sie räumt auf
auf|recht
sich **auf|re|gen**, du regst dich auf
auf|re|gend
auf|rich|tig
der **Auf|satz**, die Aufsätze
aufs
auf|ste|hen → stehen

der **Auf|trag**, die Aufträge
auf|tre|ten
der **Auf|wand**
auf|wärts
auf|we|cken, du weckst (jemanden) auf
auf|wen|dig, auch: aufwändig
auf|zäh|len
die **Auf|zäh|lung**, die Aufzählungen
auf|zeich|nen
die **Auf|zeich|nung**, die Aufzeichnungen

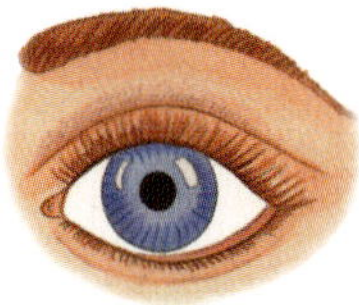

der **Auf|zug**, die Aufzüge
das **Au|ge**, die Augen
der **Au|gen|blick**, die Augenblicke
au|gen|blick|lich
der **Au|gust**
aus
aus|bil|den, er bildet aus
die **Aus|bil|dung**, die Ausbildungen
die **Aus|dau|er**
der **Aus|druck**, die Ausdrücke (Wörter), auch: Ausdrucke (mehrere Blätter Papier)
aus|dru|cken, du druckst aus
(sich) **aus|drü|cken**, er drückt (sich) aus
aus|drück|lich
aus|ei|nan|der, **aus|ein|an|der**
der **Aus|flug**, die Ausflüge
aus|führ|lich
der **Aus|gang**, die Ausgänge
aus|ge|ben → geben
aus|ge|fal|len
aus|ge|zeich|net
aus|gie|big
aus|hal|ten → halten
die **Aus|kunft**, die Auskünfte
das **Aus|land**
der **Aus|län|der**, die Ausländer
aus|lei|hen, du leihst aus → leihen
die **Aus|nah|me**, die Ausnahmen
aus|nahms|wei|se
der **Aus|puff**, die Auspuffe
die **Aus|re|de**, die Ausreden
aus|rei|chend
das **Aus|ru|fe|zei|chen**, die Ausrufezeichen
sich **aus|ru|hen**
au|ßen
au|ßer
äu|ßer|lich
au|ßer|or|dent|lich
aus|nut|zen, auch: ausnützen, er nutzt aus
die **Aus|sicht**, die Aussichten
die **Aus|spra|che**, die Aussprachen
die **Aus|stel|lung**, die Ausstellungen
Aus|tra|li|en
aus|tra|lisch
die **Aus|wahl**
aus|wäh|len, du wählst aus
aus|wen|dig
der **Aus|weg**, die Auswege
das **Au|to**, die Autos

au|to|ma|tisch

das **Ba|by**, die Babys
der **Bach**, die Bäche
die **Ba|cke**, die Backen
ba|cken, du backst, auch: du bäckst
der **Bä|cker**, die Bäcker
der **Back|ofen**, die Backöfen
das **Bad**, die Bäder
der **Ba|de|an|zug**, die Badeanzüge
ba|den
Ba|den-Würt|tem|berg
der **Bag|ger**, die Bagger

die **Bahn**, die Bahnen
die **Bahn|hof**, die Bahnhöfe
die **Bah|re**, die Bahren
die **Bak|te|rie**, die Bakterien
die **Ba|lan|ce**
bald
sich **bal|gen**

der **Bal|kon**, die Balkone
der **Ball**, die Bälle

> Verschiedene Ballspiele:
> Base*ball*, Basket*ball*, Fuß*ball*, Hand*ball*, Volley*ball*, Völker*ball* ...

der **Bal|lon**, die Ballons, auch: die Ballone
die **Ba|na|ne**, die Bananen
das **Band**, die Bänder
der **Band**, die Bände (Buch)
die **Band**, die Bands (Musik)
bang, auch: bange
die **Bank**, die Bänke

> Das Wort *Bank* hat zwei Bedeutungen. Die Mehrzahl heißt je nach Bedeutung anders: 1. *die Bank zum Sitzen*, Mehrzahl: *die Bänke* 2. *das Geldinstitut*, Mehrzahl: *die Banken.*

bar
der **Bär**, die Bären
bar|fuß
das **Bar|geld**
barm|her|zig
der **Bart**, die Bärte
bär|tig
der **Bass**, die Bässe
bas|teln
der **Bau**, die Bauten
der **Bauch**, die Bäuche
bau|en
der **Bau|er**, die Bauern
der **Bau|ern|hof**, die Bauernhöfe
der **Baum**, die Bäume

bay|e|risch, auch: bayrisch
Bay|ern
be|ach|ten
der **Be|am|te**, die Beamten
be|ängs|ti|gend
das **Be|cken**, die Becken
be|dan|ken
be|dau|er|lich
be|dau|ern, ich bedaure
be|deu|ten
die **Be|deu|tung**, die Bedeutungen

die **Be|din|gung**, die Bedingungen
sich **be|ei|len**, er beeilt sich
be|ein|dru|ckend
die **Be|er|di|gung**, die Beerdigungen
die **Bee|re**, die Beeren

Verschiedene Beeren: Erd*beere*, Him*beere*, Johannis*beere*, Blau*beere*.

der **Be|fehl**, die Befehle
be|feh|len, du befiehlst, du befahlst, du hast befohlen
be|freun|det
be|frie|di|gend
be|gabt

die **Be|ga|bung**, die Begabungen
be|geis|tert
die **Be|geis|te|rung**
der **Be|ginn**
be|gin|nen, es begann, es hat begonnen
be|glei|ten
be|gra|ben
das **Be|gräb|nis**, die Begräbnisse
be|grei|fen, sie begriffen
der **Be|griff**, die Begriffe
be|grün|den
die **Be|grün|dung**, die Begründungen

be|grü|ßen
die **Be|grü|ßung**, die Be-grüßungen
be|hal|ten, er behält, er behielt, er hat behalten
der **Be|häl|ter**, die Behälter
be|han|deln
die **Be|hand|lung**, die Be-handlungen
be|haup|ten
be|herr|schen
be|hin|dert
die **Be|hin|de|rung**, die Be-hinderungen
bei
die **Beich|te**, die Beichten
bei|de
bei|ei|nan|der, **bei|ein|an|der**
beige
das **Bei|leid**
beim
das **Bein**, die Beine

bei|na|he
bei|sam|men
das **Bei|spiel**, die Beispiele
bei|ßen, er biss, er hat gebissen
be|kannt
be|kom|men, du be-kamst, du hast bekommen
be|kömm|lich
be|läs|ti|gen
be|lau|ern
be|lei|di|gen
die **Be|lei|di|gung**, die Beleidigungen
bel|len
be|loh|nen
be|mer|ken
be|nach|bart
be|nach|rich|ti|gen
das **Be|neh|men**
sich **be|neh|men**, er benimmt sich, er benahm sich, er hat sich benommen
be|nei|den
der **Ben|gel**, die Bengel
be|no|ten
be|nut|zen, du benutzt
das **Ben|zin**
be|ob|ach|ten
be|quem
be|rau|ben
be|reit
be|reits
be|reu|en
der **Berg**, die Berge

ber|gig
Ber|lin
der **Be|richt**, die Berichte
be|rich|ten

be|rück|sich|ti|gen
der **Be|ruf**, die Berufe
be|ru|hi|gen
be|rühmt
be|schä|di|gen
be|schäf|ti|gen
be|schat|ten
Be|scheid sa|gen, er sagt Bescheid
be|schei|den
be|schen|ken
be|sche|ren
be|schimp|fen
be|schlie|ßen, er beschloss, er hat beschlossen
der **Be|schluss**, die Beschlüsse
be|schmie|ren
be|schmut|zen
be|schrän|ken
be|schrei|ben
die **Be|schrei|bung**, die Beschreibungen
be|schüt|zen
be|setzt
be|sich|ti|gen
der **Be|sitz**
be|sit|zen, er besaß, er hat besessen
be|son|ders
be|sor|gen
bes|ser → gut
be|stä|ti|gen
be|stau|nen

das **Be|steck**, die Bestecke
be|ste|hen
am bes|ten → gut
bes|tens

> Achte auf Groß- und Kleinschreibung:
> Das finde ich *am besten.*
> Das ist *das Beste* für mich.
> Marc ist *der Beste* in der Klasse.

be|stim|men
be|stimmt
der **Be|such**, die Besuche
be|su|chen
der **Be|ton**
be|to|nen
der **Be|trag**, die Beträge
sich be|tra|gen, sie beträgt sich, sie betrug sich, sie hat sich betragen
be|trü|gen, er betrog, er hat betrogen
das **Bett**, die Betten
bet|teln
der **Bett|ler**, die Bettler
be|un|ru|hi|gen
die **Beu|le**
der **Beu|tel**, die Beutel
die **Be|völ|ke|rung**, die Bevölkerungen
be|vor
be|we|gen
der **Be|weis**, die Beweise

be|wei|sen, sie bewies, sie hat bewiesen

be|woh|nen

der **Be|woh|ner**, die Bewohner

die **Be|woh|ne|rin**, die Bewohnerinnen

be|wölkt

be|zah|len

die **Be|zie|hung**, die Beziehungen

der **Be|zirk**, die Bezirke

die **Bi|bel**, die Bibeln

die **Bib|lio|thek**, **Bi|blio|thek**, die Bibliotheken

der **Bib|lio|the|kar**, **Bi|blio|the|kar**, die Bibliothekare

bie|gen

die **Bie|ne**, die Bienen

das **Bier**, die Biere

das **Biest**, die Biester

bie|ten, er bot, er hat geboten

der **Bi|ki|ni**, die Bikinis

das **Bild**, die Bilder

die **Bil|dung**

bil|lig

ich **bin** → sein

bin|den, sie band, sie hat gebunden

der **Bin|de|strich**, die Bindestriche

die **Bio|lo|gie**

die **Bir|ne**, die Birnen

bis

bis|her

er **biss** → beißen

der **Biss**, die Bisse

biss|chen

bis|sig

du **bist** → sein

bit|ten

bit|ter

bla|mie|ren

blank

bla|sen

blass

das **Blatt**, die Blätter

blät|tern

blau

blau|äu|gig

das **Blau|licht**, die Blaulichter

das **Blech**, die Bleche

das **Blei**

blei|ben, du bliebst, du bist geblieben

bleich

der **Blei|stift**, die Bleistifte

der **Blick**, die Blicke

bli|cken

blind

der **Blind|darm**, die Blinddärme

der **Blin|de**, die Blinden

der **Blin|ker**, die Blinker

blin|zeln
der **Blitz**, die Blitze
blit|zen
der **Block**, die Blöcke
blöd
der **Blöd|sinn**
blond
bloß
blub|bern
blü|hen
die **Blu|me**, die Blumen

> Es gibt viele verschiedene Arten von Blumen, die oft recht komplizierte Namen haben: *die Aster, der Krokus, die Lilie, die Narzisse, die Nelke, die Rose, das Veilchen, das Vergissmeinnicht ...*

der **Blu|men|strauß**, die Blumensträuße
die **Blu|se**, die Blusen
das **Blut**
blu|ten
blu|tig
die **Blü|te**, die Blüten

bo|ckig
der **Bo|den**, die Böden
der **Bo|gen**, die Bögen auch: die Bogen
boh|ren
die **Bom|be**, die Bomben
das **Bon|bon**, die Bonbons
das **Boot**, die Boote
bö|se
er **bot** → bieten
bo|xen, du boxt
der **Bo|xer**, die Boxer
er **brach|te** → bringen
der **Brand**, die Brände
Bran|den|burg
bra|ten, er brät, er briet, er hat gebraten
der **Brauch**, die Bräuche
brau|chen
braun
die **Braut**, die Bräute
der **Bräu|ti|gam**, die Bräutigame
brav
bra|vo
der **Bra|vo|ruf**, die Bravorufe
bre|chen, es bricht, es brach, es ist gebrochen
breit
Bre|men
die **Brem|se**, die Bremsen
brem|sen
bren|nen, es brannte, es hat gebrannt
die **Brenn|nes|sel**, die Brennnesseln
brenz|lich
das **Brett**, die Bretter
die **Bre|ze**, auch: die Brezel, die Brezen

der Brief, die Briefe
der Brief|kas|ten, die Brief-kästen
der Bril|lant, die Brillanten
die Bril|le, die Brillen
brin|gen, er brachte, er hat gebracht
bri|tisch
der Bro|cken, die Brocken
das Brot, die Brote
der Bruch, die Brüche
die Brü|cke, die Brücken
der Bru|der, die Brüder
brül|len
brum|men
der Brun|nen, die Brunnen
die Brust, die Brüste
bru|tal
brü|ten
der Bub, auch: der Bube, die Buben
das Buch, die Bücher
die Bü|che|rei, die Büche-reien
die Büch|se, die Büchsen
der Buch|sta|be, die Buchstaben
der Bu|ckel, die Buckel
bu|cke|lig, auch: bucklig
sich bü|cken, ich bücke mich

die Bu|de, die Buden
bü|geln
die Büh|ne, die Bühnen
der Bun|des|kanz|ler, die Bundeskanzler
die Bun|des|li|ga
die Bun|des|re|pu|blik
bunt
der Bunt|stift, die Buntstifte
der Bür|ger, die Bürger
der Bür|ger|meis|ter, die Bürgermeister
das Bü|ro, die Büros
bürs|ten
der Bus, die Busse
der Busch, die Büsche
der Bü|schel, die Büschel
die But|ter
das Byte, die Bytes

das **Ca|fé**, die Cafés

die **Ca|fe|te|ria**, die Cafeterias, auch: die Cafeterien

cam|pen, er campt

der **Cam|ping|platz**, die Campingplätze

die **CD**, die CDs

der **CD-Play|er**, die CD-Player

die **CD-ROM**, die CD-ROMs

Cel|si|us, kurz: C

der **Cent**, die Cents

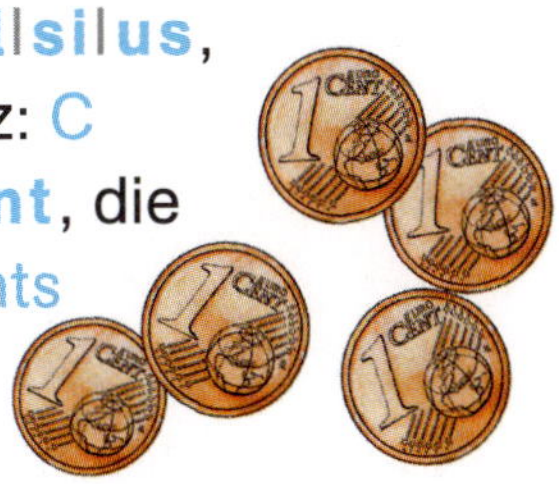

das **Cen|ter**, die Center

das **Cha|mä|le|on**, die Chamäleons

der **Cham|pig|non**, **Cham|pi|gnon**, die Champignons

der **Cham|pi|on** (Gewinner), die Champions

die **Chan|ce**, die Chancen

das **Cha|os**

cha|o|tisch

der **Cha|rak|ter**, die Charaktere

cha|rak|te|ris|tisch

die **Charts**

der **Chef**, die Chefs

die **Che|mie**

che|misch

chic

Chi|na

chi|ne|sisch

der **Chip**, die Chips

der **Chi|rurg**, die Chirurgen

der **Chor**, die Chöre

der **Christ**, die Christen

der **Christ|baum**, die Christbäume

Aa Bb Cc Dd Ee Ff Gg Hh Ii Jj Kk Ll Mm Nn Oo Pp Qq Rr Ss Tt Uu Vv Ww Xx Yy Zz

christ|lich
cle|ver
der **Clown**, die Clowns

der **Co|mic**, die Comics
der **Com|pu|ter**, die Computer

Wörter mit dem Anfangsbuchstaben *C* werden nicht immer gleich ausgesprochen. So hörst du bei *Computer* am Anfang ein *K*, bei *Cent* jedoch ein *S*. Du musst dir die Art der Aussprache jeweils genau einprägen.

der **Con|tai|ner**, die Container
cont|ra, **con|tra**, auch: kontra

cool
die **Corn|flakes**
die **Couch**, die Couchs, auch: die Couchen
der **Couch|tisch**, die Couchtische
der/das **Count|down**, auch: der/das Count-down, die Countdowns
der **Cou|sin**, die Cousins
die **Cou|si|ne**, auch: die Kusine, die Cousinen
der **Cow|boy**, die Cowboys
der **Cow|boy|hut**, die Cowboyhüte
der **Cra|cker**, die Cracker, auch: die Crackers
die **Creme**, auch: die Kreme, auch: die Krem, die Cremes, die Kremes, die Krems

cre|mig, auch: kremig
das **Crois|sant**, die Croissants
der **Cur|ry**, auch: das Curry, die Currys
die **Cur|ry|wurst**, die Currywürste
der **Cur|sor**, die Cursors

da
da|bei
das **Dach**, die Dächer
ich **dach|te** → denken
der **Da|ckel**, die Dackel
da|durch
da|für
da|ge|gen
da|heim
da|her
da|hin
da|hin|ter
da|mals
die **Da|me**, die Damen
da|mit
däm|lich
der **Damm**, die Dämme
däm|mern
der **Dampf**, die Dämpfe
da|nach
da|ne|ben
Dä|ne|mark
dä|nisch
der **Dank**
die **Dank|bar|keit**
das **Dan|ke|schön**
dan|ken
dann
da|ran, **dar|an**
da|rauf, **dar|auf**
da|raus, **dar|aus**
da|rin, **dar|in**
der **Darm**, die Därme
du **darfst** → dürfen
da|rü|ber, **dar|ü|ber**
da|rum, **dar|um**
da|run|ter, **dar|un|ter**
das

Das Wort *das* kommt, genau wie *der* und *die*, in diesem Wörterverzeichnis sehr oft vor – es steht bei ganz vielen Namenwörtern; man kann auch sagen, es begleitet diese (z. B. *das Auto*). Man nennt diese Wörter daher auch *Begleiter* oder *Artikel*.

Aa Bb Cc Dd Ee Ff Gg Hh Ii Jj Kk Ll Mm Nn Oo Pp Qq Rr Ss Tt Uu Vv Ww Xx Yy Zz

Aa Bb Cc Dd Ee Ff Gg Hh Ii Jj Kk Ll Mm Nn Oo Pp Qq Rr Ss Tt Uu Vv Ww Xx Yy Zz

da sein, er war da, er ist da gewesen → sein
dass
das|sel|be
der **Da|tiv**, die Dative
das **Da|tum**, die Daten
der **Dau|er|lauf**, die Dauerläufe
dau|ernd
der **Dau|men**, die Daumen
da|von
da|vor
da|zu
da|zwi|schen
die **De|cke**, die Decken

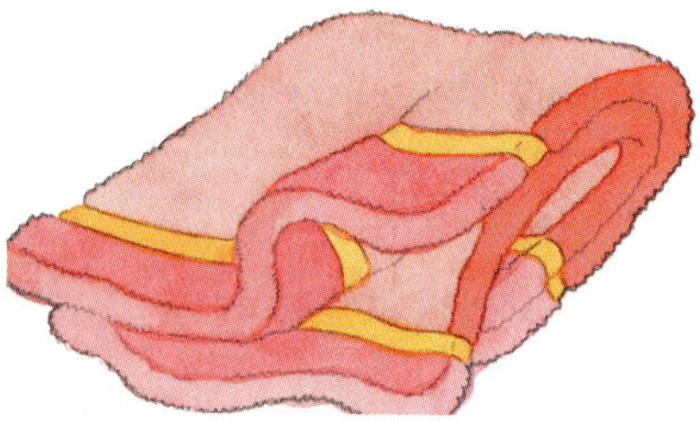

der **De|ckel**, die Deckel
de|fekt
def|tig
deh|nen
der **Deich**, die Deiche
dein, deine, deiner
der **Del|fin**, auch: der Delphin, die Delfine
dem|nächst
die **De|mo|kra|tie**, die Demokratien
die **De|mons|tra|ti|on**, die Demonstrationen
de|mü|tig
den|ken, ich dachte, ich habe gedacht
das **Denk|mal**, die Denkmäler

denn
den|noch
der
deut|lich
deutsch

> Bei dem Wort *deutsch* musst du genau auf die Groß- und Kleinschreibung achten: Ich spreche *deutsch.* Sage diesen Satz doch mal *auf Deutsch.* Das Schulfach *Deutsch.*

Deutsch|land
der **De|zem|ber**
das **Dia**, die Dias
der **Di|a|lekt**, die Dialekte
die **Di|ät**, die Diäten
dich
dicht
der **Dich|ter**, die Dichter
dick
das **Di|ckicht**, die Dickichte
die
der **Dieb**, die Diebe
der **Dieb|stahl**, die Diebstähle
die|nen
der **Die|ner**, die Diener
der **Dienst**, die Dienste
der **Diens|tag**, die Dienstage

diens|tags
dies
der **Die|sel**
dies|mal
die **Dif|fe|renz**, die Differenzen
das **Dik|tat**, die Diktate
das **Ding**, die Dinge
dir
di|rekt
der **Di|rek|tor**, die Direktoren
der **Di|ri|gent**, die Dirigenten
die **Dis|ket|te**, die Disketten
die **Dis|ko|thek**, die Diskotheken
die **Dis|kus|si|on**, die Diskussionen
dis|ku|tie|ren
di|vi|die|ren
die **Di|vi|si|on**, die Divisionen
doch
der **Dok|tor**, die Doktoren
der **Dol|lar**, die Dollars
der **Dol|met|scher**, die Dolmetscher
der **Dom**, die Dome
das **Do|mi|no**, die Dominos
der **Domp|teur**, die Dompteure
der **Don|ner**, die Donner
don|nern
der **Don|ners|tag**, die Donnerstage

Wenn du die Wochentage mit anderen Wörtern kombinierst, dann musst du gut auf die Schreibung achten: *am Donnerstag, am Donnerstagabend, eines Donnerstags.*

der **Dop|pel|punkt**, die Doppelpunkte
dop|pelt
das **Dorf**, die Dörfer
der **Dorn**, die Dornen
dor|nig
dort
die **Do|se**, die Dosen
der **Dra|che**, die Drachen (aus dem Märchen)
der **Dra|chen**, die Drachen (an der Schnur)
der **Draht**, die Drähte
dran
drän|geln
drän|gen
drau|ßen
der **Dreck**
dre|ckig
dre|hen
drei

Das Wort *drei* schreibt man, wie alle Zahlwörter, fast immer klein. Eine Ausnahme ist z. B.: *Ich habe eine Drei in Mathe.*

Aa Bb Cc Dd Ee Ff Gg Hh Ii Jj Kk Ll Mm Nn Oo Pp Qq Rr Ss Tt Uu Vv Ww Xx Yy Zz

drei|ßig
dres|sie|ren
der **Dril|ling**, die Drillinge
drin|gend
drit|teln
drit|tens
dro|hen
dröh|nen
drol|lig
das **Dro|me|dar**, die Dromedare

der **Druck**, die Drucke
der **Drü|cke|ber|ger**, die Drückeberger
drü|cken
die **Drü|se**, die Drüsen
du
du|cken
das **Du|ett**, die Duette
der **Duft**, die Düfte
duf|te
dul|den
dumm, dümmer, am dümmsten
die **Dumm|heit**, die Dummheiten
dün|gen
dun|kel
dünn
der **Dunst**, die Dünste
das **Duo**, die Duos

durch
durch|aus
das **Durch|ei|nan|der**, **Durch|ein|an|der**
durch|ei|nan|der, **durch|ein|an|der**
der **Durch|fall**, die Durchfälle
durch|fal|len, er fällt durch → fallen
durch|flie|ßen, es floss durch, es ist durchgeflossen
durch|hal|ten, sie hielt durch, sie hat durchgehalten
durch|set|zen, ich setze durch
durch|sich|tig
dür|fen, du darfst, du durftest, du hast gedurft
dürr
die **Dür|re**, die Dürren
der **Durst**

> Am Beispiel von *Durst* kannst du sehen, dass man von manchen Wörtern keine Mehrzahl bilden kann.

durs|tig
du|schen
düs|ter
das **Dut|zend**, Dutzende
du|zen
der **Dy|na|mo**, die Dynamos

die Eb|be, die Ebben
eben (flach)
eben|so
das Echo, die Echos
echt
die Ecke, die Ecken
eckig
edel
egal
ego|is|tisch
ehe
die Ehe, die Ehen
eher
die Eh|re, die Ehren
die Eh|ren|ur|kun|de, die Ehrenurkunden
das Eh|ren|wort, die Ehren-worte
ehr|gei|zig
ehr|lich

das Ei, die Eier
die Ei|dech|se, die Eidechsen
die Ei|fer|sucht
ei|fer|süch|tig
ei|gen|ar|tig
die Ei|gen|schaft, die Eigenschaften
ei|gent|lich
ei|len

der Ei|mer, die Eimer
ein, eine, einer, eines
die Ein|bahn|stra|ße, die Einbahnstraßen
der Ein|band, die Einbände
sich ein|bil|den, du bildest dir ein
ein|bre|chen, sie bricht ein → brechen
ein|deu|tig
ein|fach
der Ein|fall, die Einfälle
der Ein|fluss, die Einflüsse
der Ein|gang, die Eingänge
ein|ge|bil|det
ein|grei|fen, sie griffen ein, sie haben eingegriffen

der **Ein|kauf**, die Einkäufe
ein|kau|fen
ein|la|den, du lädst ein, du ludst ein, du hast eingeladen
ein|mal
das **Ein|mal|eins**
sich **ein|prä|gen**, du prägst dir ein
eins

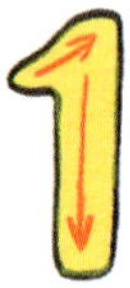

ein|sam
die **Ein|sam|keit**
ein|schla|fen, er schläft ein → schlafen
ein|se|hen, du siehst ein → sehen
ein|sei|tig
die **Ein|sicht**, die Einsichten
ein|sil|big
ein|stim|mig
der **Ein|tritt**, die Eintritte
das **Ein|ver|ständ|nis**, die Einverständnisse
der **Ein|wand**, die Einwände
ein|wärts
ein|wi|ckeln, du wickelst ein
der **Ein|woh|ner**, die Einwohner
die **Ein|zahl**
ein|zeln
ein|zig
ein|zig|ar|tig
das **Eis**
der **Eis|wür|fel**, die Eiswürfel

das **Ei|sen**, die Eisen
die **Ei|sen|bahn**, die Eisenbahnen
ei|tel
der **Ei|ter**
der **Ekel**
ek|lig, auch: ekelig
der **Ele|fant**, die Elefanten

ele|gant
elekt|risch, **elek|trisch**
die **Elekt|ro|nik**, **Elek|tro|nik**
elend
elf
die **El|fe**, die Elfen
der **Ell|bo|gen**, auch: der Ellenbogen, die Ellbogen
die **El|tern**

Wie du am Beispiel *Eltern* sehen kannst, gibt es Namenwörter, die nur in der Mehrzahl stehen. Weitere Beispiele: *die Leute, die Ferien, die Geschwister.*

emp|feh|len, sie emp-fiehlt, sie empfahl, sie hat empfohlen
emp|fin|den, er emp-fand, er hat empfunden
emp|find|lich
em|pört
em|sig
das **En|de**, die Enden
end|gül|tig
end|lich
die **Ener|gie**, die Energien
ener|gisch
eng
der **En|gel**, die Engel
Eng|land
eng|lisch

der **En|kel**, die Enkel
enorm
ent|de|cken
die **Ent|de|ckung**, die Ent-deckungen
die **En|te**, die Enten

ent|fer|nen
die **Ent|fer|nung**, die Ent-fernungen
ent|füh|ren
ent|ge|gen
ent|kom|men, er ent-kam, er ist entkommen
ent|lang
ent|las|sen, sie entlässt, sie entließ, sie hat ent-lassen
ent|lau|fen, er entlief, er ist entlaufen
ent|rüm|peln
sich **ent|schei|den**, sie ent-schieden sich, sie haben sich entschieden
sich **ent|schlie|ßen**, ich entschließe mich
→ schließen

Nach kurzem Selbstlaut schreibt man Doppel-*s*: *ent-schloss*, aber: *entschließen.*

der **Ent|schluss**, die Entschlüsse
sich **ent|schul|di|gen** (für/wegen etwas)
die **Ent|schul|di|gung**, die Entschuldigungen
ent|setz|lich
ent|täuscht
die **Ent|täu|schung**, die Enttäuschungen
ent|we|der (... oder)
ent|wi|ckeln
die **Ent|wick|lung**, die Ent-wicklungen
er
der **Er|be**, die Erben

Aa Bb Cc Dd Ee Ff Gg Hh Ii Jj Kk Ll Mm Nn Oo Pp Qq Rr Ss Tt Uu Vv Ww Xx Yy Zz

er|beu|ten
die **Erb|se**, die Erbsen
die **Erd|bee|re**, die Erdbeeren

die **Er|de**
das **Er|eig|nis**, die Ereignisse
er|fah|ren, du erfährst, du erfuhrst, du hast erfahren
die **Er|fah|rung**, die Erfahrungen
er|fin|den, er erfand, er hat erfunden
der **Er|folg**, die Erfolge
er|folg|reich
er|for|schen
er|freu|lich
er|frie|ren → frieren
er|gän|zen
das **Er|geb|nis**, die Ergebnisse
er|hal|ten, er erhielt, er hat erhalten
sich **er|ho|len**, er erholt sich
sich **er|in|nern**, du erinnerst dich

die **Er|käl|tung**, die Erkältungen
er|ken|nen, er erkannte, er hat erkannt
er|klä|ren
er|lau|ben
die **Er|laub|nis**
er|le|ben
das **Er|leb|nis**, die Erlebnisse
er|le|di|gen
er|leich|tert
er|näh|ren
der **Ernst**
ernst
die **Ern|te**, die Ernten
das **Ern|te|dank|fest**
der **Er|pres|ser**, die Erpresser
er|rei|chen
der **Er|satz**
er|schöpft
er|schre|cken, du erschrickst, du erschrakst, du bist erschrocken

> Du kannst allerdings nicht nur selbst erschrecken, du kannst auch einen anderen erschrecken, dann heißen die Formen: *du erschreckst jemanden, du erschrecktest jemanden, du hast jemanden erschreckt.*

erst
er|sti|cken
erst|klas|sig
er|wach|sen
der **Er|wach|se|ne**, die Erwachsenen
er|war|ten
die **Er|war|tung**, die Erwartungen

er|wi|dern
er|zäh|len
die Er|zäh|lung, die Erzäh-lungen
er|zie|hen
der Er|zie|her, die Erzieher
die Er|zie|hung
es
der Esel, die Esel

der Es|ki|mo, die Eskimos
ess|bar
das Es|sen
es|sen, er isst, er aß, er hat gegessen

Das Wort *essen* hat viele unterschiedliche Formen, die du dir gut einprägen musst: *ich esse, du isst, er/sie/es isst, wir essen, ihr esst, sie essen; ich aß, du aß(es)t, er/sie/es aß, wir aßen, ihr aß(e)t, sie aßen.*

der Es|sig
die Eta|ge, die Etagen
et|wa
et|was
euch
eu|er, eure, auch: euere

Beispiele: *euer Vater, eure Mutter, euer Hund ...*

die Eu|le, die Eulen
eu|ret|we|gen
der Eu|ro, die Euros

Eu|ro|pa
eu|ro|pä|isch
das Eu|ter, auch: der Euter, die Euter
evan|ge|lisch
even|tu|ell
ewig
die Ewig|keit, die Ewig-keiten
ex|akt
das Ex|empl|ar, Ex|em|plar, die Exemplare
das Exil, die Exile
ex|klu|siv
die Ex|kur|si|on, die Exkursionen
exo|tisch
das Ex|pe|ri|ment, die Ex-perimente
ex|pe|ri|men|tie|ren
ex|plo|die|ren
ex|tra
die Ex|tra|wurst, die Extra-würste
ex|trem

die **Fa|bel**, die Fabeln
die **Fa|brik**, **Fab|rik**, die Fabriken
das **Fach**, die Fächer
der **Fa|den**, die Fäden
die **Fä|hig|keit**, die Fähigkeiten
die **Fäh|re**, die Fähren
fah|ren

> Das Wort *fahren* hat vor allem in der 1. Vergangenheit ein paar schwierige Formen:
> *ich fahre → fuhr*
> *du fährst → fuhrst*
> *er/sie/es fährt → fuhr*
> *wir fahren → fuhren*
> *ihr fahrt → fuhrt*
> *sie fahren → fuhren*
> 2. Vergangenheit:
> *ich bin gefahren …*

der **Fah|rer**, die Fahrer
das **Fahr|rad**, die Fahrräder
die **Fahrt**, die Fahrten
fair
der **Fall**, die Fälle
die **Fal|le**, die Fallen
fal|len, du fällst, du fielst, du bist gefallen
falls
falsch
fäl|schen
die **Fäl|schung**, die Fälschungen
die **Fal|te**, die Falten
fal|ten
die **Fa|mi|lie**, die Familien
fa|mos
der **Fan**, die Fans
fa|na|tisch
sie **fand** → finden
fan|gen, sie fängt, sie fing, sie hat gefangen

die **Fan|ta|sie**, auch: die Phantasie, die Fantasien

fan|tas|tisch, auch: phantastisch
die Far|be, die Farben
fär|ben
far|big
der Fa|sching
die Fa|ser, die Fasern
fas|rig
das Fass, die Fässer
die Fas|sa|de, die Fassaden
fas|sen
fas|sungs|los
fast
fas|ten
das Fast|food, auch: Fast Food
die Fast|nacht
faul
faul|en|zen
die Fäul|nis
die Faust, die Fäuste
der Fa|vo|rit, die Favoriten
die Fa|xen

Ralf soll nicht immer solche *Faxen machen.*

das Fax|ge|rät, die Faxgeräte
der Feb|ru|ar, Fe|bru|ar
die Fe|der, die Federn

das Fe|der|mäpp|chen, die Federmäppchen
die Fee, die Feen

fe|gen
feh|len
der Feh|ler, die Fehler
feh|ler|frei
feh|ler|los
die Fei|er, die Feiern
fei|er|lich
fei|ern
der Fei|er|tag, die Feiertage
fei|ge
der Feig|ling, die Feiglinge
die Fei|le, die Feilen
fei|len
fein
der Feind, die Feinde
feind|lich
die Feind|schaft, die Feindschaften
feind|se|lig
fei|xen
das Feld, die Felder
die Fel|ge, die Felgen
das Fell, die Felle
der Fels, auch: der Felsen, die Felsen
fel|sig
das Fens|ter, die Fenster

Einige Namenwörter haben in der Mehrzahl dieselbe Form wie in der Einzahl. Du kannst also nur am Begleiter erkennen, ob zum Beispiel *ein Fenster* oder *mehrere (die) Fenster* gemeint sind.

Aa Bb Cc Dd Ee Ff Gg Hh Ii Jj Kk Ll Mm Nn Oo Pp Qq Rr Ss Tt Uu Vv Ww Xx Yy Zz

die **Fe|ri|en**
das **Fer|kel**, die Ferkel
fern
das **Fern|be|die|nung**, die Fernbedienungen
die **Fer|ne**
das **Fern|glas**, die Ferngläser

fern|se|hen, er sah fern, er hat ferngesehen
der **Fern|se|her**
die **Fern|sicht**
das **Fern|weh**
die **Fer|se**, die Fersen
fer|tig
die **Fer|tig|keit**, die Fertigkeiten
fesch
die **Fes|sel**, die Fesseln
fest
das **Fest**, die Feste
fest|bin|den, er band fest, er hat festgebunden
fest|hal|ten, sie hielt fest, sie hat festgehalten
das **Fes|ti|val**, die Festivals
fest|stel|len, er stellt fest
fett
das **Fett**, die Fette
fet|tig
der **Fet|zen**, die Fetzen
feucht
die **Feuch|tig|keit**

das **Feu|er**, die Feuer

die **Feu|er|wehr**
feu|rig
die **Fi|bel**, die Fibeln
die **Fich|te**, die Fichten
das **Fie|ber**
fies
die **Fi|gur**, die Figuren
der **Film**, die Filme
der **Fil|ter**, die Filter
der **Filz**, die Filze
der **Filz|stift**, die Filzstifte
fi|nan|zie|ren
fin|den, sie fand, sie hat gefunden
sie **fing** → fangen
der **Fin|ger**, die Finger
fin|nisch
Finn|land
fins|ter
die **Fir|ma**, die Firmen
die **Fir|mung**, die Firmungen
der **Fisch**, die Fische
fisch|äu|gig
fi|schen
fit, fitter, am fittesten
die **Fit|ness**
fix
der **Fjord**, die Fjorde
flach
die **Flä|che**, die Flächen
der **Fla|den**, die Fladen
die **Flag|ge**, die Flaggen
der **Fla|min|go**, die Flamingos

die **Flam|me**, die Flammen
die **Fla|sche**, die Flaschen

flat|tern
flau
der **Flaum**
flau|schig
flech|ten

Monika *flicht/flechtet* ihrer Schwester gerade einen Zopf. Gestern *flocht* sie sich die Haare. Sie *hat* sich einen langen Zopf *geflochten.*

der **Fleck**, die Flecke, auch: die Flecken
fle|ckig
die **Fle|der|maus**, die Fledermäuse

der **Fleiß**
flei|ßig
fli|cken
der **Flick|flack**, die Flickflacks
der **Flie|der**, die Flieder
die **Flie|ge**, die Fliegen
flie|gen, er flog, er ist geflogen
flie|hen, sie floh, sie ist geflohen
das **Fließ|band**, die Fließbänder
flie|ßen, es floss, es ist geflossen
flie|ßend
flim|mern
flink
der **Flip|per**, die Flipper
flit|zen
die **Flo|cke**, die Flocken

flo|ckig
er **flog** → fliegen
sie **floh** → fliehen
der **Floh**, die Flöhe
der **Floh|markt**, die Flohmärkte
das **Floß**, die Flöße
es **floss** → fließen
die **Flos|se**, die Flossen
die **Flö|te**, die Flöten
der **Fluch**, die Flüche
flu|chen
die **Flucht**, die Fluchten
flüch|ten
flüch|tig
der **Flug**, die Flüge
der **Flü|gel**, die Flügel
flüg|ge
flugs
das **Flug|zeug**, die Flugzeuge
flun|kern

Wenn jemand sagt: *Ich glaube, Peter flunkert ein wenig,* dann meint er, dass Peter nicht ganz die Wahrheit spricht.

Aa Bb Cc Dd Ee Ff Gg Hh Ii Jj Kk Ll Mm Nn Oo Pp Qq Rr Ss Tt Uu Vv Ww Xx Yy Zz

Aa Bb Cc Dd Ee Ff Gg Hh Ii Jj Kk Ll Mm Nn Oo Pp Qq Rr Ss Tt Uu Vv Ww Xx Yy Zz

der **Flur**, die Flure
der **Fluss**, die Flüsse
flüs|sig
die **Flüs|sig|keit**, die Flüssigkeiten
flüs|tern
die **Flut**, die Fluten
das **Foh|len**, die Fohlen

der **Föhn**, die Föhne
föh|nen
die **Fol|ge**, die Folgen
fol|gen
fol|gen|schwer
die **Fo|lie**, die Folien
fop|pen
for|dern
för|dern
die **Fo|rel|le**, die Forellen
die **Form**, die Formen
for|men
förm|lich
forsch
for|schen
der **Förs|ter**, die Förster
fort
der **Fort|schritt**, die Fortschritte
fort|schritt|lich

das **Fo|to**, die Fotos
der **Fo|to|graf**, die Fotografen
das **Foul**, die Fouls
fou|len
die **Fracht**, die Frachten
der **Frach|ter**, die Frachter
die **Fra|ge**, die Fragen
fra|gen
das **Fra|ge|zei|chen**, die Fragezeichen
Frank|reich
fran|zö|sisch
er **fraß** → fressen
der **Fraß**
die **Frat|ze**, die Fratzen
die **Frau**, die Frauen
frech
die **Frech|heit**, die Frechheiten
frei
frei|hän|dig

die **Frei|heit**, die Freiheiten
frei|lich
der **Frei|tag**, die Freitage
frei|tags

frei|wil|lig
fremd
der Frem|de, die Fremden
fres|sen, er frisst, er fraß
er hat gefressen
die Freu|de, die Freuden
freu|dig
der Freund, die Freunde
der Frie|den
der Fried|hof, die Friedhöfe
fried|lich
frie|ren, er fror, er hat
gefroren
frisch
fri|sie|ren
der Fri|sör, auch: der Friseur,
die Frisöre
die Fri|sö|rin, auch: die Fri-
seurin, Frisöse, Friseuse,
die Frisörinnen
froh
fröh|lich
die Fröh|lich|keit
fromm
er fror → frieren
der Frosch,
die Frösche

der Frost, die Fröste
die Frucht, die Früchte
frucht|bar
fruch|tig
früh
frü|hes|tens
der Früh|ling
das Früh|stück
früh|stü|cken

der Fuchs, die Füchse
füh|len
ich fuhr → fahren
die Fuh|re, die Fuhren
füh|ren
der Füh|rer|schein, die
Führerscheine
die Füh|rung, die Führungen
fül|len
der Fül|ler, die Füller
fünf
fünf|zig
für

die Furcht
furcht|bar
fürch|ten, du fürchtest
fürch|ter|lich
für|ei|nan|der,
für|ein|an|der
der Fürst, die Fürsten
das Für|wort, die Fürwörter
der Fuß, die Füße
der Fuß|ball, die Fußbälle
die Fus|sel, auch: der Fus-
sel, die Fusseln
der Fuß|gän|ger, die Fuß-
gänger
das Fut|ter
füt|tern

er **gab** → geben
die **Ga|bel**, die Gabeln
ga|ckern
gaf|fen
gäh|nen
ga|lop|pie|ren
es **galt** → gelten
der **Game|boy**, die Game-boys
gam|meln
der **Gang**, die Gänge
gän|gig
der **Gangs|ter**, die Gangster
der **Ga|no|ve**, die Ganoven
die **Gans**, die Gänse
ganz
gar
die **Ga|ra|ge**, die Garagen
die **Ga|ran|tie**, die Garantien
ga|ran|tiert
die **Gar|de|ro|be**, die Garderoben
die **Gar|di|ne**, die Gardinen
das **Garn**, die Garne
gar nicht
gars|tig
der **Gar|ten**, die Gärten
der **Gärt|ner**, die Gärtner
das **Gas**, die Gase
die **Gas|se**, die Gassen
der **Gast**, die Gäste
das **Gäs|te|zim|mer**, die Gästezimmer
die **Gau|di**
der **Gauk|ler**, die Gaukler
der **Gaul**, die Gäule
der **Gau|men**, die Gaumen
der **Gau|ner**, die Gauner
das **Ge|äst**
das **Ge|bäck**, die Gebäcke
ge|bä|ren

Sie *gebärt (gebiert)* Zwillinge. Sie *gebar* Zwillinge. Sie *hat* Zwillinge *geboren*. Mein Bruder *wurde* an einem Montag *geboren*.

das **Ge|bäu|de**, die Gebäude
ge|ben, er gibt, er gab, er hat gegeben
das **Ge|bet**, die Gebete
das **Ge|biet**, die Gebiete
ge|bil|det
das **Ge|bir|ge**, die Gebirge
das **Ge|biss**, die Gebisse
ge|blümt
das **Ge|bot**, die Gebote
ge|brau|chen
ge|braucht
ge|brech|lich
das **Ge|brüll**
die **Ge|burt**, die Geburten
der **Ge|burts|tag**, die Geburts-tage

das **Ge|dächt|nis**, die Gedächtnisse
der **Ge|dan|ke**, die Gedan-ken
das **Ge|dicht**, die Gedichte
die **Ge|duld**
ge|dul|dig
ge|eig|net
die **Ge|fahr**, die Gefahren
ge|fähr|den
ge|fähr|lich
der **Ge|fähr|te**, die Gefähr-ten
ge|fal|len, sie gefällt (mir), sie gefiel (mir), sie hat (mir) gefallen
das **Ge|fäng|nis**, die Ge-fängnisse
das **Ge|fäß**, die Gefäße
sie **gefiel** → gefallen
ge|fleckt
das **Ge|flü|gel**
ge|frä|ßig
ge|frie|ren

> Das Wasser *gefror* in den Pfützen. Heute morgen *hat* es *gefroren*. Der Dorfweiher *ist* komplett *zugefroren*.

das **Ge|fühl**, die Gefühle
ge|fühl|voll
ge|gen
die **Ge|gend**, die Gegenden
ge|gen|ei|nan|der, **ge|gen|ein|an|der**
ge|gen|sei|tig
der **Ge|gen|stand**, die Ge-genstände
ge|gen|über
der **Geg|ner**, die Gegner
ge|heim
das **Ge|heim|nis**, die Ge-heimnisse
ge|hen, er ging, er ist gegangen

> Diese Wörter kannst du anstelle von *gehen* ver-wenden: *sausen, rennen, flitzen, laufen, rasen, hasten, eilen, trampeln, watscheln, schlurfen, humpeln, bum-meln, trödeln, schleichen …*

Aa Bb Cc Dd Ee Ff Gg Hh Ii Jj Kk Ll Mm Nn Oo Pp Qq Rr Ss Tt Uu Vv Ww Xx Yy Zz

das **Ge|het|ze**
das **Ge|hirn**, die Gehirne
das **Ge|hör**
ge|hö|ren
ge|hor|sam
der **Geh|weg**, die Gehwege
der **Geist**, die Geister
der **Geiz**
gei|zig
das **Gel**, die Gele, auch: die Gels
das **Ge|läch|ter**
ge|la|den
ge|lähmt
das **Ge|län|de**, die Gelände
das **Ge|län|der**, die Geländer
ge|launt

> Lisa ist heute *gut gelaunt*; gestern war sie dagegen *schlecht gelaunt*.

gelb
das **Geld**, die Gelder
das **Ge|lee**, die Gelees
ge|lehrt
ge|len|kig
ge|lin|gen, es gelang, es ist gelungen
gel|ten, es gilt, es galt, es hat gegolten
ge|mäch|lich
das **Ge|me|cker**
ge|mein
die **Ge|mein|de**, die Gemeinden
die **Ge|mein|heit**, die Gemeinheiten
das **Ge|mü|se**
ge|müt|lich
ge|nau
ge|nau|so
die **Ge|ne|ra|ti|on**, die Generationen
ge|ne|rell
ge|ne|sen, er genas, er ist genesen
ge|ni|al
das **Ge|nick**, die Genicke
ge|nie|ßen, er genoss, er hat genossen

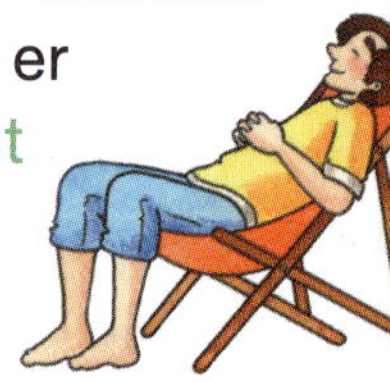

der **Ge|ni|tiv**, die Genitive
der **Ge|nos|se**, die Genossen
ge|nug
ge|nü|gen
ge|nüg|sam
das **Ge|päck**
ge|pflegt
das **Ge|pol|ter**
das **Ge|quas|sel**
das **Ge|quen|gel**
ge|ra|de
ge|ra|de|aus
das **Ge|rät**, die Geräte
das **Ge|räusch**, die Geräusche
ge|recht
die **Ge|rech|tig|keit**
ge|ring

gelrislsen
gern, auch: gerne, lieber, am liebsten
der Gelruch, die Gerüche
das Gelrücht, die Gerüchte
gelrührt
das Gelrümlpel
gelsallzen
gelsamt
das Gelschäft, die Geschäfte
gelschelhen, es geschieht, es geschah, es ist geschehen
das Gelschenk, die Geschenke

die Gelschichlte, die Geschichten
gelschickt
das Geschirr
das Gelschlecht, die Geschlechter
der Gelschmack

Zusammengesetzte Begriffe mit dem Wort *Geschmack*:
*Geschmacks*sache,
*Geschmacks*richtung,
*Geschmacks*sinn,
*geschmack*voll,
*geschmack*lich …

das Gelschöpf, die Geschöpfe
gelschwind
die Gelschwinldiglkeit, die Geschwindigkeiten
die Gelschwislter
gelschwolllen
die Gelselllschaft, die Gesellschaften
das Gelsetz, die Gesetze
das Gelsicht, die Gesichter
das Gelspenst, die Gespenster
das Gelspött
das Gelspräch, die Gespräche
die Gelstalt, die Gestalten
der Gelstank
gelstelhen, sie gestand, sie hat gestanden
geslern
gelstreift

das Gelstrüpp, die Gestrüppe
gelsund
die Gelsundlheit
das Geltränk, die Getränke
geltrennt
das Gelwächs, die Gewächse
die Gelwalt, die Gewalten
gelwalltig
das Gelwäslser, die Gewässer
das Gelwehr, die Gewehre
das Gelweih, die Geweihe
gelwelsen → sein
das Gelwicht, die Gewichte
der Gelwinn, die Gewinne

Aa Bb Cc Dd Ee Ff Gg Hh Ii Jj Kk Ll Mm Nn Oo Pp Qq Rr Ss Tt Uu Vv Ww Xx Yy Zz

Aa Bb Cc Dd Ee Ff Gg Hh Ii Jj Kk Ll Mm Nn Oo Pp Qq Rr Ss Tt Uu Vv Ww Xx Yy Zz

ge|win|nen, sie gewinnt, sie gewann, sie hat gewonnen
das **Ge|wis|sen**, die Gewissen
das **Ge|wit|ter**, die Gewitter
ge|witzt
ge|wöh|nen
ge|wöhn|lich
das **Ge|wühl**
das **Ge|würz**, die Gewürze
die **Ge|zei|ten**
gie|rig
gie|ßen, sie goss, sie hat gegossen
das **Gift**, die Gifte
gif|tig
es **gilt** → gelten
er **ging** → gehen
der **Gip|fel**, die Gipfel
gip|sen
die **Gi|raf|fe**, die Giraffen
die **Gi|tar|re**, die Gitarren

das **Git|ter**, die Gitter
der **Glanz**
glän|zen
das **Glas**, die Gläser
glatt
glau|ben
gläu|big
gleich
gleich|alt|rig
das **Gleich|ge|wicht**
gleich|gül|tig
gleich|mä|ßig
gleich|zei|tig
glit|schig
glit|zern
der **Glo|bus**, die Globusse, auch: die Globen
die **Glo|cke**, die Glocken
glot|zen
das **Glück**
glück|lich
glück|li|cher|wei|se
der **Glück|wunsch**, die Glückwünsche
glü|hen
die **Glut**, die Gluten
gnä|dig
das **Gold**
gol|den
gol|dig
der **Gong**, die Gongs
die **Göre**, auch: das Gör, die Gören
der **Go|ril|la**, die Gorillas

sie **goss** → gießen
die **Gos|se**, die Gossen
der **Gott**, die Götter
gra|ben
das **Gramm**, kurz: g
die **Gram|ma|tik**, die Grammatiken
gran|tig
die **Grape|fruit**, die Grapefruits

das **Gras**, die Gräser
gra|sen
gräss|lich
die **Grä|te**, die Gräten
gra|tis
die **Grät|sche**, die Grätschen
gra|tu|lie|ren
grau
grau|sam
die **Grau|sam|keit**, die Grausamkeiten
grau|sig
grei|fen, er griff, er hat gegriffen

der **Greis**, die Greise
grell
die **Gren|ze**, die Grenzen
Grie|chen|land
grie|chisch
der **Grieß**
grieß|grä|mig
der **Griff**, die Griffe
er **griff** → greifen
der **Grill**, die Grills
die **Gril|le**, die Grillen
gril|len
die **Gri|mas|se**, die Grimassen
grim|mig
grin|sen
die **Grip|pe**
grob, gröber, am gröbsten
groß, größer, am größten

Viele Verwandtschaftsbezeichnungen werden mithilfe des Eigenschaftswortes *groß* gebildet: *Groß*mutter, *Groß*vater, *Groß*tante, *Groß*onkel, *Groß*eltern ...

Groß|bri|tan|ni|en
grü|beln
grün
der **Grund**, die Gründe
gründ|lich
die **Grund|schu|le**, die Grundschulen
grun|zen
die **Grup|pe**, die Gruppen
gru|se|lig
gru|seln
der **Gruß**, die Grüße
grü|ßen
gu|cken
die **Gül|le**
das **Gum|mi**, auch: der Gummi, die Gummis
der **Gür|tel**, die Gürtel
die **Gur|ke**, die Gurken

gut, besser, am besten
gut|mü|tig
das **Gym|na|si|um**, die Gymnasien
die **Gym|nas|tik**
das **Gy|ros**

Aa Bb Cc Dd Ee Ff Gg Hh Ii Jj Kk Ll Mm Nn Oo Pp Qq Rr Ss Tt Uu Vv Ww Xx Yy Zz

das **Haar**, die Haare
die **Haar|bürs|te**, die Haarbürsten
haar|scharf
haar|sträu|bend
ha|ben

> Gegenwart: *ich habe, du hast, er/sie/es hat, wir haben, ihr habt, sie haben.*
> 1. Vergangenheit: *ich hatte, du hattest, er/sie/es hatte, wir hatten, ihr hattet, sie hatten.*
> 2. Vergangenheit: *ich habe gehabt, du hast gehabt …*

hab|gie|rig
die **Ha|cke**, die Hacken
ha|cken
der **Ha|fen**, die Häfen
die **Haft**
haf|ten

der **Häft|ling**, die Häftlinge
die **Ha|ge|but|te**, die Hagebutten
der **Ha|gel**
ha|geln
ha|ger
der **Hahn**, die Hähne
der **Hai**, die Haie
der **Ha|ken**, die Haken
halb
er **half** → helfen
die **Hälf|te**, die Hälften
die **Hal|le**, die Hallen
der **Hals**, die Hälse
hal|ten, sie hält, sie hielt, sie hat gehalten
die **Hal|te|stel|le**, die Haltestellen
die **Hal|tung**
Ham|burg
der **Ham|mer**, die Hämmer
häm|mern

ham|peln
der Hams|ter, die Hamster
die Hand, die Hände

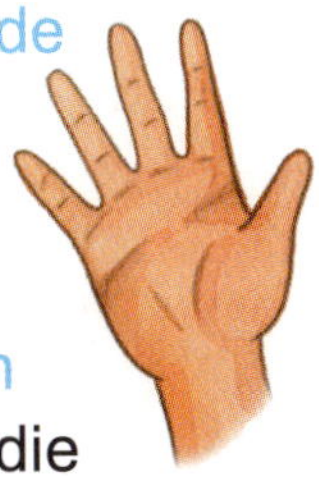

der Han|del
han|deln
die Hand|lung, die Handlungen
der Hand|schuh, die Handschuhe
das Hand|tuch, die Handtücher
das Hand|werk
das Han|dy, die Handys
der Hang, die Hänge
hän|gen, es hing, es hat gehangen
harm|los
hart, härter, am härtesten
das Harz, die Harze
der Ha|se, die Hasen

> *-chen/-lein:* Durch diese Nachsilben „verkleinerst“ du Namenwörter. Die Selbstlaute *a*, *o*, und *u* werden zu den Umlauten *ä*, *ö* und *ü*.
> *Hase → Häschen/Häslein*

der Hass
häss|lich
du hast → haben
has|ten
er hat → haben
sie hat|te → haben

hau|en
der Hau|fen, die Haufen

häu|fig
der Häupt|ling, die Häuptlinge
die Haupt|sa|che
haupt|säch|lich
die Haupt|stadt, die Hauptstädte
das Haus, die Häuser
das Haus|tier, die Haustiere
die Haut, die Häute
die Heb|am|me, die Hebammen
der He|bel, die Hebel
he|ben, sie hob, sie hat gehoben
he|cheln
hech|ten
die He|cke, die Hecken
das Heer, die Heere
die He|fe
das Heft, die Hefte
hef|ten
der Hef|ter, die Hefter
hef|tig
heil
hei|len
hei|lig
das Heim, die Heime
die Hei|mat
heim|ge|hen, du gehst heim → gehen
heim|lich
heim|tü|ckisch

Aa Bb Cc Dd Ee Ff Gg Hh Ii Jj Kk Ll Mm Nn Oo Pp Qq Rr Ss Tt Uu Vv Ww Xx Yy Zz

Aa Bb Cc Dd Ee Ff Gg Hh Ii Jj Kk Ll Mm Nn Oo Pp Qq Rr Ss Tt Uu Vv Ww Xx Yy Zz

das **Heim|weh**
hei|ra|ten
hei|ser
heiß
hei|ßen, sie hieß, sie hat geheißen
hei|ter
hei|zen
die **Hei|zung**, die Heizungen
die **Hek|tik**
der **Held**, die Helden
hel|fen, er hilft, er half, er hat geholfen
hell
hell|wach
der **Helm**, die Helme

das **Hemd**, die Hemden
die **Hem|mung**, die Hemmungen
hem|mungs|los
der **Hengst**, die Hengste
der **Hen|kel**, die Henkel
die **Hen|ne**, die Hennen
her
he|rab, her|ab
he|rauf, her|auf
he|raus, her|aus
die **He|raus|for|de|rung**, **Her|aus|for|de|rung**, die Herausforderungen
he|raus|kom|men, **her|aus|kom|men**, es kommt heraus → kommen
die **Her|ber|ge**, die Herbergen
der **Herbst**
herbst|lich

der **Herd**, die Herde
die **Her|de**, die Herden
he|rein, her|ein
her|kom|men → kommen
der **Herr**, die Herren
herr|lich
herr|schaft|lich
herr|schen
her|stel|len, er stellt her
die **Her|stel|lung**
he|rü|ber, her|über
he|rum, her|um
he|run|ter, her|un|ter
her|vor
her|vor|ra|gend
das **Herz**, die Herzen
herz|lich
Hes|sen
het|zen
das **Heu**

heu|cheln
heu|len
die Heu|schre|cke, die Heuschrecken
heu|te
heut|zu|ta|ge
die He|xe, die Hexen

he|xen
sie hielt → halten
sie hieß → heißen
hier
hier|her
die Hil|fe, die Hilfen
hilf|los
der Him|mel
himm|lisch
hin
hi|nauf, hin|auf
hi|naus, hin|aus
hin|dern
hin|durch
hi|nein, hin|ein
hin|fal|len, du fällst hin, → fallen
es hing → hängen
hin|ken
hin|ten
hin|ter
hin|ter|ei|nan|der, hin|ter|ein|an|der
hin|ter|her

Wird *hinterher* mit einem Tunwort kombiniert, schreibt man das neue Wort zusammen: *hinterherlaufen, hinterherrennen …*

hi|nü|ber, hin|über
hi|nun|ter, hin|un|ter
das Hirn, die Hirne
der Hit, die Hits
die Hit|ze
hit|ze|frei
sie hob → heben
das Hob|by, die Hobbys
hoch, höher, am höchsten
hoch|mü|tig
die Hoch|zeit, die Hochzeiten
ho|cken
der Hof, die Höfe
hof|fen
hof|fent|lich
die Hoff|nung, die Hoffnungen
höf|lich
die Höf|lich|keit
die Hö|he, die Höhen
hohl
die Höh|le, die Höhlen
der Ho|kus|po|kus
ho|len
Hol|land

Aa Bb Cc Dd Ee Ff Gg Hh Ii Jj Kk Ll Mm Nn Oo Pp Qq Rr Ss Tt Uu Vv Ww Xx Yy Zz

hol|län|disch
die Höl|le
holp|rig
das Holz, die Hölzer
der Ho|nig
hop|peln
hop|sen
hor|chen
hö|ren
der Hö|rer, die Hörer

der Ho|ri|zont, die Horizonte
das Horn, die Hörner
die Hor|nis|se, die Hornissen
der Hort, die Horte
hor|ten
die Ho|se, die Hosen
das Ho|tel, die Hotels
hübsch
der Hub|schrau|ber, die Hubschrauber

hu|cke|pack
der Huf, die Hufe
die Hüf|te, die Hüften
der Hü|gel, die Hügel
das Huhn, die Hühner
die Hül|le, die Hüllen
die Hül|se, die Hülsen
die Hum|mel, die Hummeln
der Hu|mor
hum|peln
der Hund, die Hunde

hun|de|mü|de
der Hun|de|ras|se, die Hunderassen
hun|dert

Vorsicht bei der Schreibung: bis *hundert* zählen; *hundert* Mal, auch: *hundert*mal; *hunderte* von Kindern, auch: *Hunderte* von Kindern; zwei*hundert*tausend.

der Hun|ger
hun|gern
hung|rig
die Hu|pe, die Hupen
hu|pen
hüp|fen
die Hür|de, die Hürden
hur|ra
hu|schen
der Hus|ten
hus|ten
der Hut, die Hüte
die Hüt|te, die Hütten
die Hy|gi|e|ne
hy|gi|e|nisch

der **ICE**, die ICEs
ich
ide|al
die **Idee**, die Ideen
der **I|di|ot**, die Idioten
i|di|o|tisch
der **Igel**, die Igel

ihm, ihn
Ihnen

> Die höfliche Anrede mit *Sie/Ihnen* schreibt man groß: *Ich möchte Ihnen ganz herzlich zu diesem Erfolg gratulieren.*
> Die vertrauliche Anrede mit *du/dir* schreibt man meist klein. In Briefen kann man sie auch großschreiben.

ihr, ihre
der **Im|ker**, die Imker

im
im|mer
imp|fen, er wird geimpft
die **Imp|fung**, die Impfungen
in
der **In|di|a|ner**, die Indianer
In|di|en
in|ein|an|der, **in|ei|nan|der**
die **In|for|ma|ti|on**, die Informationen
in|for|mie|ren
der **In|halt**, die Inhalte
das **In|halts|ver|zeich|nis**, die Inhaltsverzeichnisse
in|nen
in|ner|halb
das **In|sekt**, die Insekten
die **In|sel**, die Inseln

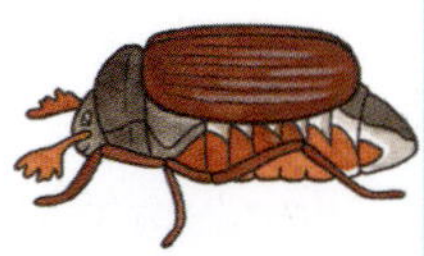

das **In|se|rat**, die Inserate
ins|ge|samt

in|so|fern

die **In|spek|ti|on**, **Ins|pek|ti|on**, die Inspektionen

der **In|stal|la|teur**, **Ins|tal|la|teur**, die Installateure

in|stal|lie|ren, **ins|tal|lie|ren**

der **In|stinkt**, die Instinkte

das **In|stru|ment**, **Ins|tru|ment**, die Instrumente

Kennst du die folgenden Instrumente:
der Bass, das Cello, die Flöte, die Geige, die Gitarre, die Klarinette, das Klavier, der Kontrabass, die Oboe, die Trommel, die Trompete?

in|tel|li|gent

die **In|tel|li|genz**

in|te|res|sant, **in|ter|es|sant**

das **In|te|res|se**, **In|ter|es|se**, die Interessen

in|te|res|sie|ren, **in|ter|es|sie|ren**

das **In|ter|nat**, die Internate

in|ter|na|ti|o|nal

das **In|ter|net**

das **In|ter|view**, die Interviews

in|ter|view|en

in|zwi|schen

ir|gend

ir|gend|ein, irgendeine, irgendeiner

ir|gend|et|was

ir|gend|je|mand

ir|gend|wann

ir|gend|was

ir|gend|wel|che

ir|gend|wie

ir|gend|wo

irisch

Ir|land

sich **ir|ren**, ich habe mich geirrt

der **Irr|tum**, die Irrtümer

irr|tüm|lich

der **Is|lam**

er **isst** → essen

er **ist** → sein

Ita|li|en

ita|li|e|nisch

ja
die **Jacht**, auch: die Yacht, die Jachten
die **Ja|cke**, die Jacken
die **Jagd**
ja|gen
der **Jä|ger**
der **Ja|gu|ar**, die Jaguare
jäh
das **Jahr**, die Jahre

Die vier *Jahres*zeiten (Frühling, Sommer, Herbst, Winter), das Schalt*jahr* (366 Tage). Ein *Jahr* hat 365 Tage, zwölf Monate oder 52 Wochen.

jah|re|lang
das **Jahr|hun|dert**, die Jahr-hunderte
jähr|lich
der **Jahr|markt**, die Jahr-märkte
die **Ja|lou|sie**, die Jalousien
der **Jam|mer**
jäm|mer|lich
jam|mern
der **Ja|nu|ar**
Ja|pan
ja|pa|nisch
jap|sen
jä|ten
die **Jau|che**, die Jauchen
jauch|zen
jau|len
ja|wohl
der **Jazz**
je
die **Jeans**, die Jeans

Aa Bb Cc Dd Ee Ff Gg Hh Ii Jj Kk Ll Mm Nn Oo Pp Qq Rr Ss Tt Uu Vv Ww Xx Yy Zz

Aa Bb Cc Dd Ee Ff Gg Hh Ii Jj Kk Ll Mm Nn Oo Pp Qq Rr Ss Tt Uu Vv Ww Xx Yy Zz

je|den|falls
je|der, jede, jedes

Zusammensetzungen mit *jeder*: *zu jeder Zeit* (aber: *jederzeit*), *jedes Jahr*, *das weiß ein jeder*, *jeder Einzelne wurde gefragt*; *jedes Mal schien die Sonne*

je|doch
der **Jeep**, die Jeeps
je|mals
je|mand
je|ner, jene, jenes
jen|seits
Je|sus
jetzt
je|weils
der **Job**, die Jobs
das **Jod**
jo|deln
das **Jo|ga**, auch: das Yoga
jog|gen
der **Jo|gurt**, auch: das Jogurt, auch: der/das Joghurt, die Jogurts
joh|len
das **Jo-Jo**, auch: das Yo-Yo, die Jo-Jos

jong|lie|ren
der **Jour|na|list**, die Journalisten
der **Jour|na|lis|mus**
der **Joy|stick**, die Joysticks
der **Ju|bel**
ju|beln
das **Ju|bi|lä|um**, die Jubiläen
ju|cken
das **Ju|den|tum**
jü|disch
das **Ju|do**

Zusammengesetzte Begriffe mit dem Namenwort *Judo*: der *Judo*griff, der *Judoka* (*Judo*sportler), die *Judoka* (*Judo*sportlerin) ...

die **Ju|gend**
die **Ju|gend|her|ber|ge**, die Jugendherbergen
ju|gend|lich
der **Ju|gend|li|che**, die Jugendlichen
der **Ju|li**
jung, jünger, am jüngsten
der **Jun|ge**, die Jungen
der **Ju|ni**
das **Ju|wel**, die Juwelen
der **Ju|we|lier**, die Juweliere

Bei einem *Juwelier* kann man Uhren und Schmuck kaufen.

das Ka|bel, die Kabel
die Ka|bi|ne, die Kabinen
die Ka|chel, die Kacheln
der Kä|fer, die Käfer
der Kaf|fee
der Kä|fig, die Käfige
kahl
der Kahn, die Kähne
der Kai, die Kais
der Kai|ser, die Kaiser
der Ka|kao, die Kakaos
der Kak|tus, die Kakteen
das Kalb, die Kälber

der Ka|len|der, die Kalender
der Kalk
kalt, kälter, am kältesten
die Käl|te
er kam → kommen
das Ka|mel, die Kamele
die Ka|me|ra, die Kameras
der Ka|me|rad, die Kamera-den

der Kamm, die Kämme
käm|men
die Kam|mer, die Kammern
der Kampf, die Kämpfe
kämp|fen
der Kämp|fer, die Kämpfer
der Ka|nal, die Kanäle
der Ka|na|ri|en|vo|gel, die Kanarienvögel
der Kan|di|dat, die Kandi-daten
das Kän|gu|ru, die Kängurus
das Ka|nin|chen, die Kaninchen
der Ka|nis|ter, die Kanister
er kann → können
die Kan|ne, die Kannen
der Kan|ni|ba|le, die Kanni-balen
sie kann|te → kennen
der Ka|non, die Kanons
die Ka|no|ne, die Kanonen
die Kan|te, die Kanten
das Ka|nu, die Kanus

die **Ka|pel|le**, die Kapellen
ka|pie|ren
der **Ka|pi|tän**, die Kapitäne
das **Ka|pi|tel**, die Kapitel
die **Kap|pe**, die Kappen
ka|putt
die **Ka|pu|ze**, die Kapuzen
das **Ka|ra|cho**
das **Ka|ra|te**
die **Ka|ra|wa|ne**, die Karawanen
karg
ka|riert
die **Ka|ri|es**
der **Kar|ne|val**
das **Kar|ni|ckel**, die Karnickel

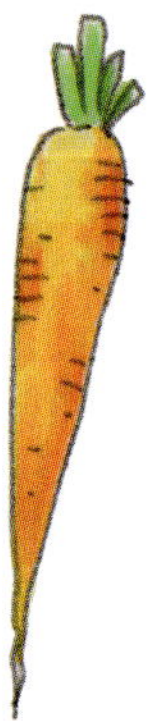

das **Ka|ro**, die Karos
die **Ka|rot|te**, die Karotten
der **Karp|fen**, die Karpfen
die **Kar|re**, die Karren
kar|ren
die **Kar|te**, die Karten
die **Kar|tof|fel**, die Kartoffeln
der **Kar|ton**, die Kartons
das **Ka|rus|sell**, die Karusselle, auch: die Karussells
der **Kä|se**, die Käse
der **Kas|per**, die Kasper
die **Kas|se**, die Kassen
die **Kas|set|te**, die Kassetten
kas|sie|ren

die **Kas|ta|nie**, die Kastanien
der **Kas|ten**, die Kästen
der **Ka|ta|log**, die Kataloge
der **Ka|ta|ly|sa|tor**, die Katalysatoren
die **Ka|ta|stro|phe**, **Ka|tas|tro|phe**, **Ka|tast|ro|phe**, die Katastrophen
der **Ka|ter**, die Kater
ka|tho|lisch
die **Kat|ze**, die Katzen

kau|en
kau|ern
kau|fen
das **Kau|gum|mi**, auch: der Kaugummi, die Kaugummis
die **Kaul|quap|pe**, die Kaulquappen
kaum
der **Ke|gel**, die Kegel
die **Keh|le**, die Kehlen
keh|ren
kei|fen
der **Keim**, die Keime
kei|men
kein, keiner, keine, keines
der **Keks**, die Kekse
der **Kel|ler**, die Keller
der **Kell|ner**, die Kellner
ken|nen, er kannte, er hat gekannt
die **Kennt|nis**, die Kenntnisse

die **Kenn|zif|fer**, die Kenn-ziffern
ken|tern
der **Ker|ker**, die Kerker
der **Kerl**, die Kerle
der **Kern**, die Kerne
die **Ker|ze**, die Kerzen
ker|zen|ge|ra|de
kess
der **Kes|sel**, die Kessel
der **Ket|schup**, **Ketsch|up**, auch: das Ketschup, auch: der/das Ketchup
die **Ket|te**, die Ketten
keu|chen
keusch
das **Key|board**, die Keyboards
ki|chern
ki|cken
kid|nap|pen
der **Kie|fer**

Das Wort *Kiefer* kann für zwei unterschiedliche Dinge stehen:
1. *der Kiefer, die Kiefer* (ein Schädelknochen)
2. *die Kiefer, die Kiefern* (ein Nadelbaum)
Was genau gemeint ist, kannst du zum einen am Begleiter und an der Mehrzahl erkennen, zum anderen aus dem Zusammenhang erschließen.

die **Kie|me**, die Kiemen
der **Kie|sel**, die Kiesel
das **Ki|lo|gramm**, kurz: kg
der **Ki|lo|me|ter**, die Kilometer, kurz: km
das **Kind**, die Kinder

Du bist nicht sicher, ob ein bestimmtes Namenwort am Ende ein *d* oder ein *t* hat? Setze es einfach in die Mehrzahl, dann hörst du nämlich genau, ob der Buchstabe hart oder weich gesprochen wird:
Das Kin*d* → die Kin*d*er.

kin|disch
kind|lich
das **Ki|no**, die Kinos
der **Ki|osk**, die Kioske
kip|pen
die **Kir|che**, die Kirchen
kirch|lich
die **Kir|sche**, die Kirschen
das **Kis|sen**, die Kissen
die **Kis|te**, die Kisten

der **Kitsch**
kit|schig
der **Kit|tel**, die Kittel
kit|zeln
kitz|lig, auch: kitzelig
die **Ki|wi**, die Kiwis

Aa Bb Cc Dd Ee Ff Gg Hh Ii Jj Kk Ll Mm Nn Oo Pp Qq Rr Ss Tt Uu Vv Ww Xx Yy Zz

Aa Bb Cc Dd Ee Ff Gg Hh Ii Jj Kk Ll Mm Nn Oo Pp Qq Rr Ss Tt Uu Vv Ww Xx Yy Zz

kläf|fen
kla|gen
kläg|lich
der Kla|mauk
klamm
die Klam|mer, die Klammern
klam|mern
klamm|heim|lich
die Kla|mot|te, die Klamotten
der Klang, die Klänge
die Klap|pe, die Klappen
klap|pen
klap|pern
der Klaps, die Klapse
klar
die Klas|se, die Klassen
der Klas|sen|leh|rer, die Klassenlehrer
die Klas|sik
der Klatsch
klat|schen, du klatschst
klatsch|nass
klau|en
das Kla|vier, die Klaviere

kle|ben
kleb|rig
kle|ckern
der Klecks, die Kleckse
der Klee
das Kleid, die Kleider
klein
die Klei|nen
klein|lich
klem|men
klet|tern
klim|pern
die Klin|gel, die Klingeln
klin|geln
klin|gen, es klang, es hat geklungen
die Klin|ke, die Klinken
die Kli|nik, die Kliniken
die Klip|pe, die Klippen
klir|ren
das Klo, die Klos
klop|fen
der Kloß, die Klöße
der Klotz, die Klötze
klug, klüger, am klügsten
der Klum|pen, die Klumpen
knab|bern
der Kna|be, die Knaben
kna|cken
der Knall, die Knalle
knal|len
knal|lig
knall|rot
knapp

knar|ren
knat|tern
der Knecht, die Knechte
knei|fen, du kneifst, er kniff, er hat gekniffen
kni|cken
das Knie, die Knie
knif|fe|lig, auch: knifflig
knip|sen
der Knirps, die Knirpse
knir|schen
knis|tern
kno|beln
der Knob|lauch
der Knö|chel, die Knöchel
der Kno|chen, die Knochen
kno|chig
der Knö|del, die Knödel
der Knopf, die Knöpfe
die Knos|pe, die Knospen
der Kno|ten, die Knoten
knüp|fen
knur|ren
knusp|rig, auch: knusperig
das K. o./k. o. sein

> Am Abend dieses anstrengenden Tages war Felix ganz *k. o.* Mein Vater hat sich den Boxkampf bis zum *K. o.* angesehen.

der Ko|bold, die Kobolde
der Koch, die Köche
ko|chen
kö|dern
der Kof|fer, die Koffer

der Kohl
die Koh|le, die Kohlen
die Koh|len|säu|re
kohl|ra|ben|schwarz
die Ko|kos|nuss, die Kokosnüsse
der Kol|le|ge, die Kollegen
die Kol|le|gin, die Kolleginnen
kom|bi|nie|ren
ko|misch
das Kom|ma, die Kommas, auch: die Kommata
kom|man|die|ren
kom|men, er kam, er ist gekommen
der Kom|mis|sar, die Kommissare
die Kom|mo|de, die Kommoden
die Kom|mu|ni|on, die Kommunionen
der Kom|pass, die Kompasse
kom|pli|ziert
die Kon|di|to|rei, die Konditoreien
das Kon|fekt, die Konfekte

Aa Bb Cc Dd Ee Ff Gg Hh Ii Jj Kk Ll Mm Nn Oo Pp Qq Rr Ss Tt Uu Vv Ww Xx Yy Zz

die **Kon|fir|ma|ti|on**, die Konfirmationen
die **Kon|fi|tü|re**, die Konfitüren
kon|fus
der **Kö|nig**, die Könige
kö|nig|lich
kön|nen, er kann, er konnte, er hat gekonnt
der **Kon|sum**
der **Kon|ti|nent**, die Kontinente
kon|trol|lie|ren
das **Kon|to**, die Konten
die **Kon|zen|tra|ti|on**
kon|zen|trie|ren
das **Kon|zert**, die Konzerte
der **Kopf**, die Köpfe
ko|pie|ren
kopf|rech|nen
der **Ko|ran**
der **Korb**, die Körbe

das **Korn**, die Körner
kör|nig
der **Kör|per**, die Körper
kor|ri|gie|ren
der **Kos|mo|naut**, die Kosmonauten
kost|bar
kos|ten
köst|lich
das **Kos|tüm**, die Kostüme
der **Kot**
der **Kö|ter**, die Köter

die **Krab|be**, die Krabben
krab|beln
der **Krach**
kra|chen
kräch|zen
die **Kraft**, die Kräfte
das **Kraft|fahr|zeug** (kurz: Kfz), die Kraftfahrzeuge
kräf|tig
der **Kran**, die Kräne
krank, kränker, am kränksten

Kennst du Begriffe und Wendungen in denen das Wort *krank* vorkommt? Das *Kranken*haus, die *Kranken*schwester, der *Kranken*wagen, die *Krank*heit, *krank*lachen, *krank*schreiben; aber: sich *krank* fühlen, sich *krank* stellen …

der **Kranz**, die Kränze
krat|zen
krau|len
kräu|seln
das **Kraut**, die Kräuter
die **Kra|wat|te**, die Krawatten
kre|a|tiv
der **Krebs**, die Krebse
die **Krei|de**, die Kreiden
der **Kreis**, die Kreise
krei|schen

die **Krem**, auch: die Kreme, auch: die Creme, die Krems
kre|mig, auch: cremig
das **Kreuz**, die Kreuze
die **Kreu|zung**, die Kreuzungen
krie|chen, sie kroch, sie ist gekrochen
der **Krieg**, die Kriege
krie|gen
der **Kri|mi**, die Krimis
krit|zeln
das **Kro|ko|dil**, die Krokodile
die **Krö|te**, die Kröten
die **Krü|cke**, die Krücken
der **Krü|mel**, die Krümel
krumm
die **Kü|che**, die Küchen
der **Ku|chen**, die Kuchen
der **Ku|ckuck**, die Kuckucke
die **Ku|gel**, die Kugeln
der **Ku|gel|schrei|ber**, die Kugelschreiber
die **Kuh**, die Kühe

kühl
küh|len
der **Kühl|schrank**, die Kühlschränke
kühn
das **Kü|ken**, die Küken
die **Ku|lis|se**, die Kulissen
der **Kum|mer**
küm|mer|lich
küm|mern
der **Kum|pel**, die Kumpel
der **Kun|de**, die Kunden
die **Kün|di|gung**, die Kündigungen
künf|tig
die **Kunst**, die Künste
der **Künst|ler**, die Künstler
künst|lich
das **Kunst|werk**, die Kunstwerke
kun|ter|bunt
das **Kup|fer**
die **Kup|pel**, die Kuppeln
die **Kur**, die Kuren

kur|beln
der **Kür|bis**, die Kürbisse
der **Kurs**, die Kurse
die **Kur|ve**, die Kurven
kur|vig
kurz, kürzer, am kürzesten
kür|zen
kurz|sich|tig

ku|scheln
das **Ku|schel|tier**, die Kuscheltiere
kusch|lig, auch: kuschelig
die **Ku|si|ne**, auch: Cousine, die Kusinen
der **Kuss**, die Küsse
küs|sen
die **Küs|te**, die Küsten
die **Kut|sche**, die Kutschen
das **Ku|vert**, die Kuverts

Aa Bb Cc Dd Ee Ff Gg Hh Ii Jj Kk Ll Mm Nn Oo Pp Qq Rr Ss Tt Uu Vv Ww Xx Yy Zz

la|bern
das **La|bor**, die Labors, auch: die Labore
das **La|by|rinth**, die Labyrinthe

lä|cheln
la|chen
das **La|chen**
lä|cher|lich
der **Lack**, die Lacke
la|ckie|ren
la|den, sie lud, sie hat geladen
sie **lag** → liegen
die **La|ge**, die Lagen
das **La|ger**, die Lager

lahm
die **Läh|mung**, die Lähmungen
der **Laib**, die Laibe
der **Laich**
der **Laie**, die Laien
das **La|ken**, die Laken
lal|len
das **Lamm**, die Lämmer

die **Lam|pe**, die Lampen
das **Land**, die Länder
lan|den
länd|lich
die **Land|schaft**, die Landschaften
lang, länger, am längsten
die **Län|ge**, die Längen
lang|sam
längst
längs|tens

langlweillig
der Laplpen, die Lappen
die Lärlche, die Lärchen (Nadelbaum)
der Lärm
lärlmen
die Larlve, die Larven
er las → lesen
laslsen, er lässt, er ließ, er hat gelassen
läslsig
das Laslso, die Lassos
die Last, die Lasten
das Laslter, die Laster
läsltern
läsltig
das Laltein

die Lalterlne, die Laternen
die Latlte, die Latten
die Latzlholse, die Latzhosen
das Laub
laulfen

Die Zeitformen (1. und 2. Vergangenheit) von *laufen* werden unregelmäßig gebildet: *ich laufe, lief, bin gelaufen; du läufst, liefst, bist gelaufen; er/sie/es läuft, lief, ist gelaufen; wir laufen, liefen, sind gelaufen; ihr lauft, lieft, seid gelaufen; sie laufen, liefen, sind gelaufen.*

laulnisch
die Laus, die Läuse
der Lauslbulbe, die Lausbuben
laulschen
laut
läulten
lautllos
laulwarm
die Lalwilne, die Lawinen
lelben
das Lelben, die Leben
lelbenldig
lelbenslgelfährllich
das Lelbenlsmitltel, die Lebensmittel
das Lelbelwelsen, die Lebewesen
leblhaft
lelcken
lelcker
leldig

Wenn jemand *ledig* ist, dann ist er nicht verheiratet.

leldiglich
leer
lelgen
lehlmig
die Lehlne, die Lehnen
sich lehlnen
lehlren
der Lehlrer, die Lehrer
die Lehlrelrin, die Lehrerinnen

Aa Bb Cc Dd Ee Ff Gg Hh Ii Jj Kk Ll Mm Nn Oo Pp Qq Rr Ss Tt Uu Vv Ww Xx Yy Zz

Aa Bb Cc Dd Ee Ff Gg Hh Ii Jj Kk Ll Mm Nn Oo Pp Qq Rr Ss Tt Uu Vv Ww Xx Yy Zz

die **Lei|che**, die Leichen
leicht
leicht|sin|nig
lei|den, sie litt, sie hat gelitten
lei|den|schaft|lich
lei|der
lei|hen, er lieh, er hat geliehen
lei|se
die **Leis|te**, die Leisten
leis|ten
lei|ten
die **Lei|ter**, die Leitern
der **Lei|ter**, die Leiter

Mithilfe einer *Leiter* kannst du irgendwo hinaufsteigen. Die Mehrzahl heißt *Leitern*. Der *Leiter* (z. B. Schulleiter) ist so etwas wie der Chef. Mehrzahl ist hier *die Leiter*.

len|ken
der **Len|ker**, die Lenker
der **Le|o|pard**, die Leoparden

die **Ler|che**, die Lerchen (Singvogel)
ler|nen
le|sen, er liest, er las, er hat gelesen
le|ser|lich
letz|tens
leuch|ten
der **Leucht|turm**, die Leuchttürme
leug|nen
die **Leu|te**
das **Le|xi|kon**, die Lexika
das **Licht**, die Lichter
lieb, lieb sein
die **Lie|be**
lie|ben
lie|bens|wür|dig
lieb ha|ben, er hatte lieb, er hat lieb gehabt
das **Lied**, die Lieder
er **lief** → laufen
lie|fern
lie|gen, sie lag, sie hat gelegen

Bist du dir unsicher, ob man *liegt* mit *g* oder *k* schreibt? Bilde die Grundform (*liegen*) und sprich sie laut, dann kannst du es gut hören. Dieser Trick lässt sich auch bei anderen Wörtern anwenden, die eine ähnliche Endung haben.

er lieh → leihen
er ließ → lassen
er liest → lesen
die Li|ga, die Ligen
li|la
die Li|mo|na|de, die Limonaden
das Li|ne|al, die Lineale

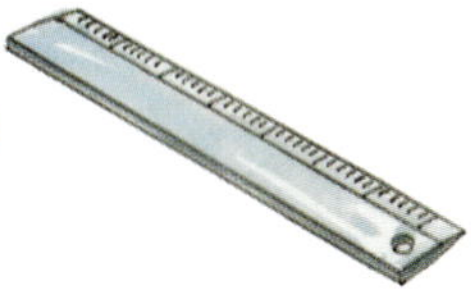

li|niert
links
der Links|hän|der, die Linkshänder
die Lip|pe, die Lippen
lis|peln
die Lis|te, die Listen
lis|tig
der Li|ter, die Liter, kurz: l
sie litt → leiden
das Lob
lo|ben
das Loch, die Löcher
löch|rig
lo|cken
lo|cker
lo|ckig
der Löf|fel, die Löffel
er log → lügen
der Lohn, die Löhne
sich loh|nen, es lohnt sich
die Lo|ko|mo|ti|ve, die Lokomotiven

das Los, die Lose
lo|se

lö|schen
lo|sen
lö|sen
los|las|sen, er lässt los → lassen
die Lö|sung, die Lösungen
der Lö|we, die Löwen
der Lö|wen|zahn
der Luchs, die Luchse
die Lü|cke, die Lücken
sie lud → laden
die Luft, die Lüfte
der Luft|bal|lon, die Luftballons

lüf|ten
luf|tig
die Lü|ge, die Lügen
lü|gen, er log, er hat gelogen
der Lüm|mel, die Lümmel
der Lum|pen, die Lumpen
die Lun|ge, die Lungen
die Lu|pe, die Lupen
die Lust, die Lüste
lus|tig
lust|los
lut|schen

der Lut|scher, die Lutscher
der Lu|xus

ma|chen
die **Macht**, die Mächte
mäch|tig
macht|los
das **Mäd|chen**, die Mädchen
sie **mag** → mögen
der **Ma|gen**, die Mägen
ma|ger
die **Ma|gie**
der **Mag|net**, **Ma|gnet**, die Magneten
mag|ne|tisch, **ma|gne|tisch**
mä|hen
mah|len

Ich *mahle* ein Pfund Kaffee, aber: Ich *male* ein Bild.

die **Mäh|ne**, die Mähnen
mah|nen
die **Mah|nung**, die Mahnungen
der **Mai**
das **Mai|glöck|chen**, die Maiglöckchen
die **Mail|box**, die Mailboxen
der **Mais**
die **Ma|jes|tät**, die Majestäten
die **Ma|jo|nä|se**, auch: die Mayonnaise
mal

Wenn ich sieben mit sieben *malnehme*, dann rechne ich sieben *mal* sieben. Meinen neuen Lehrer sehe ich heute zum ersten *Mal*.

ma|len
die **Ma|ma**, die Mamas
man
man|cher, manche, manches

manch|mal
die Man|da|ri|ne, die Mandarinen
die Man|del, die Mandeln
die Ma|ne|ge, die Manegen
der Man|gel, die Mängel
man|gel|haft
der Mann, die Männer
männ|lich
die Mann|schaft, die Mannschaften
der Man|tel, die Mäntel
das Mäpp|chen, die Mäppchen
die Map|pe, die Mappen
das Mär|chen, die Märchen
die Mar|ga|rine
die Mar|ge|ri|te, die Margeriten

der Ma|ri|en|kä|fer, die Marienkäfer
die Ma|ri|o|net|te, die Marionetten
die Mar|ke, die Marken
die Mar|kie|rung, die Markierungen
die Mar|ki|se, die Markisen
der Markt, die Märkte
die Mar|mel|la|de, die Marmeladen
der Mars
der Marsch, die Märsche
mar|schie|ren
der März
das Mar|zi|pan, auch: der Marzipan

die Ma|sche, die Maschen
die Ma|schi|ne, die Maschinen
die Mas|ke, die Masken
das Maß, die Maße
sie maß → messen
die Mas|sa|ge, die Massagen
die Mas|se, die Massen
mas|sie|ren
mä|ßig
maß|los
die Ma|the|ma|tik
die Mat|rat|ze, Ma|trat|ze, die Matratzen
der Matsch
mat|schig
matt
die Mat|te, die Matten
die Mau|er, die Mauern
mau|ern
das Maul, die Mäuler
mau|len
der Maul|wurf, die Maulwürfe
die Maus, die Mäuse

die Ma|yon|nai|se, auch: die Majonäse
me|ckern

Aa Bb Cc Dd Ee Ff Gg Hh Ii Jj Kk Ll Mm Nn Oo Pp Qq Rr Ss Tt Uu Vv Ww Xx Yy Zz

Meck|len|burg-Vor|pom|mern
die **Me|dail|le**, die Medaillen
die **Me|di|en**
das **Me|di|ka|ment**, die Medikamente
die **Me|di|zin**
das **Meer**, die Meere

> Es gibt noch mehr Wörter mit Doppel-*e*. Manchmal steht *ee* in der Wortmitte, manchmal am Wortende:
> B*ee*t, B*ee*re, l*ee*r, T*ee*r, M*ee*r, H*ee*r, S*ee*, F*ee*, Kaff*ee*, Schn*ee*, Kl*ee*, All*ee*, Frott*ee*, Gel*ee*, T*ee*, Mosch*ee*, Id*ee* …

der **Meer|ret|tich**
das **Meer|schwein|chen**, die Meerschweinchen
das **Mehl**

mehr → viel
meh|re|re
die **Mehr|zahl**
mei|den, sie mied, sie hat gemieden
mein, meiner, meine, meines
mei|nen
die **Mei|nung**, die Meinungen
die **Mei|se**, die Meisen
am **meis|ten** → viel
meis|tens
der **Meis|ter**, die Meister
mel|den
mel|ken
die **Me|lo|die**, die Melodien
die **Me|lo|ne**, die Melonen

die **Men|ge**, die Mengen
der **Mensch**, die Menschen
men|schen|leer
mensch|lich
das **Me|nü**, die Menüs
mer|ken
merk|wür|dig
mes|sen, sie misst, sie maß, sie hat gemessen
das **Mes|ser**, die Messer
das **Me|tall**, die Metalle
der **Me|ter**, die Meter, kurz: m
der **Metz|ger**, die Metzger
die **Meu|te**, die Meuten
meu|tern
mi|au|en
sie **mied** → meiden
die **Mie|ne**, die Mienen (Gesichtsausdruck)

mies
die **Mie|te**, die Mieten
mie|ten
das **Mi|ka|do**
die **Milch**
der **Milch|zahn**, die Milchzähne
mil|chig
mild
mil|dern
der **Mil|li|me|ter**, die Millimeter, kurz: mm
die **Mil|li|on**, die Millionen
min|des|tens
die **Mi|ne**, die Minen

Mit dem Wort *Mine* mit kurzem *i* kann die Mine eines Stiftes, ein Bergwerk oder ein Sprengkörper gemeint sein.

mi|ni
mi|nus
die **Mi|nu|te**, die Minuten, kurz: min
mir
mi|schen
die **Mi|schung**, die Mischungen
das **Miss|ge|schick**, die Missgeschicke
miss|lin|gen
miss|mu|tig
sie **misst** → messen
miss|trau|isch

der **Mist**
mit
das **Mit|bring|sel**, die Mitbringsel
mit|ei|nan|der, **mit|ein|an|der**
mit|fah|ren, er fährt mit, er fuhr mit, er ist mitgefahren

mit|kom|men, er kommt mit, er kam mit, er ist mitgekommen
das **Mit|leid**
mit|lei|dig
mit|ma|chen, du machst mit, du hast mitgemacht
der **Mit|schü|ler**, die Mitschüler
der **Mit|tag**, die Mittage
das **Mit|tag|es|sen**, die Mittagessen
mit|tags
die **Mit|te**
das **Mit|tel|meer**
mit|ten
die **Mit|ter|nacht**

der **Mitt|woch**, die Mittwoche
mi|xen
das **Mö|bel**, die Möbel
sie **möch|te** → mögen
die **Mo|de**, die Moden
mo|dern
mo|geln
mö|gen, sie mag, sie möchte, sie mochte, sie hat gemocht
mol|lig
der **Mo|nat**, die Monate
mo|na|te|lang
mo|nat|lich
der **Mond**, die Monde
der **Mond|schein**
der **Mon|tag**, die Montage

am Montag, alle Montage, eines Montags, des Montags, am Montagmorgen/-abend aber: montags, montagabends

das **Moor**, die Moore
das **Moos**
der **Mord**, die Morde
der **Mor|gen**, die Morgen
mor|gen
mor|gens
morsch
der **Mos|lem**, auch: Muslim, die Moslems

der **Mo|tor**, die Motoren
das **Mo|tor|rad**, die Motorräder
die **Mö|we**, die Möwen
mucks|mäus|chen|still
mü|de
die **Mü|he**, die Mühen
mü|hen
die **Müh|le**, die Mühlen
der **Müll**
der **Müll|ei|mer**, die Mülleimer
mul|ti|pli|zie|ren
der **Mund**, die Münder
münd|lich
mun|ter
die **Mün|ze**, die Münzen

mür|risch
das **Mus**, die Muse
die **Mu|schel**, die Muscheln
das **Mu|se|um**, die Museen
die **Mu|sik**
mu|si|ka|lisch
der **Mus|kel**, die Muskeln
müs|sen, sie muss, sie musste, sie hat gemusst
der **Mut**
mu|tig
die **Mut|ter**, die Mütter
die **Müt|ze**, die Mützen

der **Na|bel**, die Nabel
die **Na|bel|schnur**, die Nabelschnüre
nach
nach|äf|fen, er äfft nach
nach|ah|men, sie ahmt nach
der **Nach|bar**, die Nachbarn
nach|dem
nach|den|ken, du denkst nach → denken
nach|ei|fern, du eiferst (jemandem) nach
nach|ei|nan|der, **nach|ein|an|der**
nach|ge|ben, du gibst nach → geben
nach|grü|beln, er grübelt nach
nach Hause
nach|her
die **Nach|hil|fe**
nach|las|sen → lassen
nach|läs|sig
nach|ma|chen
der **Nach|mit|tag**, die Nachmittage
nach|mit|tags
der **Nach|na|me**, die Nachnamen
die **Nach|richt**, die Nachrichten
nach|schla|gen, sie schlug nach, sie hat nachgeschlagen
der **Näch|s|te**

> Der *Nächste* bitte! Wer kommt *als Nächster*? Wir sehen uns erst *nächstes* Jahr wieder. Er kam am *nächsten* Morgen.

am **näch|s|ten** → nah
die **Nacht**, die Nächte
der **Nach|tisch**
nächt|lich

Aa Bb Cc Dd Ee Ff Gg Hh Ii Jj Kk Ll Mm Nn Oo Pp Qq Rr Ss Tt Uu Vv Ww Xx Yy Zz

nach|träg|lich
nachts
der **Nach|wuchs**

der **Nach|züg|ler**, die Nachzügler
der **Na|cken**, die Nacken
nackt
die **Na|del**, die Nadeln
der **Na|gel**, die Nägel
na|gel|neu
na|gen
nah, näher, am nächsten
die **Nä|he**
nä|hen
er **nahm** → nehmen
die **Nah|rung**
die **Naht**, die Nähte
der **Na|me**, die Namen
näm|lich
sie **nan|nte** → nennen
der **Napf**, die Näpfe
die **Nar|be**, die Narben
die **Nar|ko|se**, die Narkosen
der **Narr**, die Narren
na|schen
die **Na|se**, die Nasen

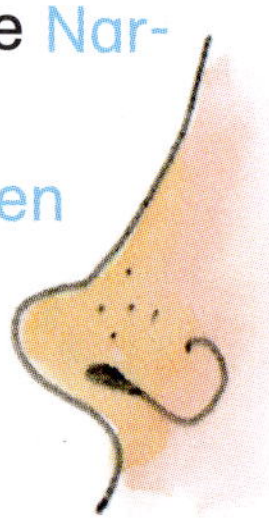

nass
die **Näs|se**
die **Na|tur**
na|tür|lich
der **Ne|bel**, die Nebel
ne|ben
ne|ben|an
ne|ben|bei
ne|ben|ein|an|der, **ne|ben|ei|nan|der**
ne|be|lig, auch: neblig
ne|cken
der **Nef|fe**, die Neffen
neh|men, er nimmt, er nahm, er hat genommen
nei|disch
sich **nei|gen**
die **Nei|gung**, die Neigungen
nein
nen|nen, sie nennt, sie nannte, sie hat genannt
ner|vös
das **Nest**, die Nester
nett
das **Netz**, die Netze
neu
die **Neu|gier|de**
neu|gie|rig
neun
neun|mal|klug

neun|zig
nicht
die **Nich|te**, die Nichten
nichts
ni|cken
nie

nie|der|ge|schla|gen
die Nie|der|lan|de
nie|der|län|disch
Nie|der|sach|sen
nied|lich
nied|rig
nie|mals
nie|mand

War gestern bei euch *niemand* zu Hause? Ich habe nämlich *niemanden* gesehen.

nie|seln
nie|sen
die Nie|te, die Nieten
der Ni|ko|laus
das Nil|pferd, die Nil-pferde
er nimmt → nehmen
nir|gends
nir|gend|wo
nis|ten
die Ni|xe, die Nixen
noch
noch|mal
das No|men, die Nomen
der Nor|den
nörd|lich
Nord|rhein-West|fa|len
nör|geln
nor|mal
nor|ma|ler|wei|se
die Not, die Nöte
die No|te, die Noten
der Not|fall, die Notfälle

nö|tig
not|wen|dig
der No|vem|ber

Früher war der *November* der neunte Monat im Jahr. Daher hat er seinen Namen. *Novem* ist lateinisch und bedeutet *neun*.

nüch|tern
nu|ckeln
die Nu|del, die Nudeln
die Null, die Nullen

900 ist eine Zahl mit zwei *Nullen*.
Im letzten Diktat hatte ich *null* Fehler.

die Num|mer, die Nummern
num|me|rie|ren
nun
nur
nu|scheln
die Nuss, die Nüsse
nüt|zen
nütz|lich

Aa Bb Cc Dd Ee Ff Gg Hh Ii Jj Kk Ll Mm Nn Oo Pp Qq Rr Ss Tt Uu Vv Ww Xx Yy Zz

die **Oa|se**, die Oasen
ob
die **O-Bei|ne**
ob|dach|los
oben
die **Ober|flä|che**, die Ober-flächen
ober|fläch|lich
ober|halb
das **Ober|teil**, die Oberteile
die **Oboe**, die Oboen
das **Obst**
ob|wohl
der **Och|se**, die Ochsen
öde
oder
der **Ofen**, die Öfen

of|fen
die **Of|fen|heit**
of|fen|sicht|lich
öf|fent|lich
die **Öf|fent|lich|keit**
öff|nen
die **Öff|nung**, die Öffnungen
oft, öfter, am öftesten
oh|ne
ohn|mäch|tig
das **Ohr**, die Ohren

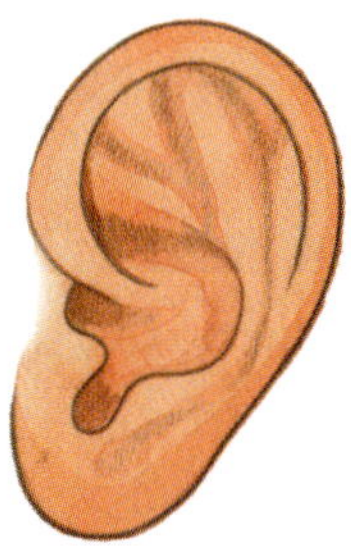

oh|ren|be|täu|bend
okay, kurz: o.k., auch: O. K.
der **Ok|to|ber**
das **Öl**, die Öle

ölen
die **Olym|pi|a|de**, die Olympiaden
die **Oma**, die Omas
der **Om|ni|bus**, die Omnibusse
der **On|kel**, die Onkel
der **Opa**, die Opas
die **Oper**, die Opern
die **Ope|ra|ti|on**, die Operationen
operieren
das **Op|fer**, die Opfer
op|fern
oran|ge
die **Oran|ge**, die Orangen

das **Or|ches|ter**, die Orchester
der **Or|den**, die Orden
or|dent|lich
ord|nen
die **Ord|nung**
ord|nungs|ge|mäß
das **Or|gan**, die Organe
or|ga|ni|sie|ren
die **Or|gel**, die Orgeln
sich **ori|en|tie|ren**
die **Ori|en|tie|rung**
der **Or|kan**, die Orkane

der **Ort**, die Orte
die **Ort|schaft**, die Ortschaften

orts|kun|dig
der **Os|ten**
das **Os|tern**, die Ostern

Statt *Ostern* sagt man
auch *Osterfest*.
Weitere Wörter aus dieser
Familie sind:
das *Oster*nest,
das *Oster*ei,
das *Oster*brot,
das *Oster*lamm ...

Ös|ter|reich
ös|ter|rei|chisch
öst|lich
oval

der **Oze|an**, die Ozeane
das **Ozon|loch**

Aa Bb Cc Dd Ee Ff Gg Hh Ii Jj Kk Ll Mm Nn Oo Pp Qq Rr Ss Tt Uu Vv Ww Xx Yy Zz

das **Paar**, die Paare
paar

> Ich kaufte mir gestern *ein Paar Schuhe*, es sind zwei schöne braune Sandalen. Am Abend aß ich dann *ein paar Nüsse* – so etwa neun Stück.

pach|ten
das **Päck|chen**, die Päck-chen
pa|cken
das **Pad|del|boot**, die Paddelboote
das **Pa|ket**, die Pakete
der **Pakt**, die Pakte
der **Pa|last**, die Paläste
die **Pal|me**, die Palmen
pa|nie|ren
die **Pa|nik**
pa|nisch
die **Pan|ne**, die Pannen

der **Pan|ter**, auch: der Pan-ther, die Panter
der **Pan|tof|fel**, die Pantof-feln
die **Pan|to|mi|me**, die Pan-tomimen
der **Pan|zer**, die Panzer
der **Pa|pa**, die Papas
der **Pa|pa|gei**, die Papa-geien
das **Pa|pier**, die Papiere

die **Pap|pe**, die Pappen
der **Pap|ri|ka**, die Paprikas
die **Pap|ri|ka|scho|te**, die Paprikaschoten
der **Papst**, die Päpste
das **Pa|ra|dies**, die Para-diese
pa|ral|lel
das **Par|füm**, auch: Parfum, die Parfüms

der **Park**, die Parks
par|ken
das **Par|kett**
die **Par|tei**, die Parteien
der **Part|ner**, die Partner
die **Par|ty**, die Partys
der **Pass**, die Pässe
pas|sen
pas|sie|ren
das **Pass|wort**, die Passwörter
der **Pas|tor**, die Pastoren
das **Pa|ten|kind**, die Patenkinder
der **Pa|ti|ent**, die Patienten
pau|ken
die **Pau|se**, die Pausen
der **Pa|zi|fik**
der **Pa|zi|fi|sche Oze|an**
der **PC**, die PCs

> *PC* ist die Abkürzung für *P*ersonal *C*omputer.

das **Pech**
das **Pe|dal**, die Pedale

pein|lich
die **Peit|sche**, die Peitschen
der **Pelz**, die Pelze
pen|deln
der **Pe|nis**, die Penisse, auch: die Penes

per|fekt
die **Per|le**, die Perlen
die **Per|son**, die Personen
per|sön|lich
die **Pest**
pet|zen
der **Pfad**, die Pfade
der **Pfahl**, die Pfähle
das **Pfand**, die Pfänder
die **Pfan|ne**, die Pfannen
der **Pfar|rer**, die Pfarrer
das **Pfau|en|au|ge**, die Pfauenaugen
der **Pfef|fer**
die **Pfei|fe**, die Pfeifen
pfei|fen, sie pfiff, sie hat gepfiffen
der **Pfeil**, die Pfeile
das **Pferd**, die Pferde
sie **pfiff** → pfeifen
der **Pfiff**, die Pfiffe
pfif|fig
das **Pfings|ten**, die Pfingsten
der **Pfir|sich**, die Pfirsiche
das **Pflänz|chen**, die Pflänzchen
die **Pflan|ze**, die Pflanzen
pflan|zen, du pflanzt
das **Pflas|ter**, die Pflaster
die **Pflau|me**, die Pflaumen
pfle|gen
die **Pfle|ge|el|tern**
die **Pflicht**, die Pflichten
pflicht|be|wusst
der **Pflug**, die Pflüge

Aa Bb Cc Dd Ee Ff Gg Hh Ii Jj Kk Ll Mm Nn Oo Pp Qq Rr Ss Tt Uu Vv Ww Xx Yy Zz

pflü|gen
der **Pfos|ten**, die Pfosten
die **Pfo|te**, die Pfoten

das **Pfund**, die Pfunde
pfu|schen
die **Pfüt|ze**, die Pfützen
die **Phan|ta|sie**, auch: die Fantasie, die Phantasien
phan|tas|tisch, auch: fantastisch
das **Phan|tom**, die Phantome
die **Phy|sik**
der **Pi|a|nist**, die Pianisten
der **Pi|ckel**, die Pickel
pi|cken
das **Pick|nick**, die Picknicke, auch: die Picknicks
piep|sen
pik|sen
die **Pil|le**, die Pillen
der **Pi|lot**, die Piloten
der **Pilz**, die Pilze
pin|ge|lig
pin|keln
der **Pin|sel**, die Pinsel
der **Pi|rat**, die Piraten

pir|schen
die **Pis|te**, die Pisten
die **Pis|to|le**, die Pistolen
pitsch|nass
die **Piz|za**, die Pizzas, auch: die Pizzen
das **Pla|kat**, die Plakate
der **Plan**, die Pläne
pla|nen
der **Pla|net**, die Planeten

Sicher kennst du einige Planeten mit Namen:
der Merkur, die Venus, die Erde, der Mars, der Jupiter, der Saturn, der Uranus, der Neptun, der Pluto …

plan|los
plan|schen, auch: plantschen
plap|pern
das **Plas|tik**
plät|schern
platt
die **Plat|te**, die Platten
der **Platz**, die Plätze
plat|zen
plau|dern
plei|te
die **Plom|be**, die Plomben
plötz|lich
plump
plump|sen
der **Plu|ral**

plus
das Plüsch|tier, die Plüschtiere
der Plus|punkt, die Pluspunkte
plus|tern
das Po|e|sie|al|bum, die Poesiealben
der Po|kal, die Pokale
der Po|lar|stern
Pol|len
der Po|li|ti|ker, die Politiker
die Po|li|zei

pol|nisch
pol|tern
die Pom|mes
das Po|ny, die Ponys
der Pool, die Pools
das Pop|corn
der Pop|star, die Popstars
die Por|ti|on, die Portionen
das Port|mo|nee, auch: das Portemonnaie, die Portmonees
das Por|zel|lan, die Porzellane
die Post
das Pos|ter, die Poster
die Post|kar|te, die Postkarten

der Pott, die Pötte
die Pracht
präch|tig
prä|gen
prah|len
prak|tisch
die Pra|li|ne, die Pralinen
pral|len
die Pran|ke, die Pranken
pras|seln
die Pra|xis, die Praxen
pre|di|gen
der Preis, die Preise
preis|wert
die Pres|se

Das Wort *Presse* hat zwei unterschiedliche Bedeutungen:
1. Kaum passiert etwas, ist die *Presse* zur Stelle, um darüber in der Zeitung, im Radio und im Fernsehen zu berichten.
2. Mit dieser Saft*presse* mache ich mir jeden Morgen frischen Orangensaft.

pres|sen
pri|ckeln
der **Pries|ter**, die Priester
pri|ma
der **Prinz**, die Prinzen
die **Prin|zes|sin**, die Prinzessinnen
pri|vat
die **Pro|be**, die Proben
pro|ben
pro|bie|ren
das **Prob|lem**, **Pro|blem**, die Probleme
das **Pro|gramm**, die Programme
der **Pro|pel|ler**, die Propeller

der **Pro|phet**, die Propheten
pro|tes|tan|tisch
prot|zen
prü|fen
die **Prü|fung**, die Prüfungen
prü|geln
prus|ten
das **Pub|li|kum**, **Pu|bli|kum**

der **Pud|ding**, die Puddings, auch: die Puddinge

der **Pu|del**, die Pudel
die **Pu|del|müt|ze**, die Pudelmützen
der **Pul|lo|ver**, **Pull|over**, die Pullover
das **Pul|ver**, die Pulver
pum|me|lig
pum|pen
der **Punkt**, die Punkte
pünkt|lich
die **Pünkt|lich|keit**
die **Pup|pe**, die Puppen

pur
pur|zeln
die **Pus|te|blu|me**, die Pusteblumen
pus|ten
put|zen
put|zig
das **Puz|zle**, die Puzzles
der **Py|ja|ma**, die Pyjamas
die **Py|ra|mi|de**, die Pyramiden

das **Quad|rat**, **Qua|drat**, die Quadrate

qua|dra|tisch, **quad|ra|tisch**

qua|ken

die **Qual**, die Qualen

quä|len

die **Qual|le**, die Quallen

der **Qualm**

qual|men

der **Quark**

das **Quar|tett**, die Quartette

das **Quar|tier**, die Quartiere

die **Quarz|uhr**, die Quarz-uhren

qua|si

quas|seln

der **Quatsch**

quat|schen

die **Quel|le**, die Quellen

quel|len, es quillt, es quoll, es ist gequol-len

quen|geln

quer

quer|beet

die **Quer|flö|te**, die Quer-flöten

quer|köp|fig

quet|schen

quie|ken

quiet|schen

quietsch|fi|del

quillt → quellen

quir|len

quir|lig

quitt

die **Quit|te**, die Quitten

die **Quit|tung**, die Quit-tungen

das **Quiz**

quoll → quellen

Aa Bb Cc Dd Ee Ff Gg Hh Ii Jj Kk Ll Mm Nn Oo Pp Qq Rr Ss Tt Uu Vv Ww Xx Yy Zz

der **Ra|be**, die Raben
die **Ra|che**
der **Ra|chen**, die Rachen
rä|chen
das **Rad**, die Räder
der **Ra|dau**
Rad fah|ren, du fährst
Rad → fahren

Folgende Wörter werden als Tunwörter getrennt geschrieben: *Auto fahren, Roller fahren, Schlittschuh laufen, Schlange stehen.* Als Namenwörter schreibst du sie aber zusammen: *das Radfahren, das Autofahren, das Schlittschuhlaufen, das Schlangestehen.*

der **Rad|fah|rer**, die Radfahrer

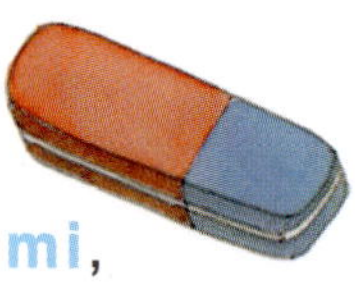

der **Ra|dier|gum|mi**, die Radiergummis
ra|die|ren
das **Ra|dio**, die Radios
raf|fi|niert
der **Rahm**
der **Rah|men**, die Rahmen
sich **rä|keln**, auch: rekeln
die **Ra|ke|te**, die Raketen
der **Ra|ma|dan**
ram|men
die **Ram|pe**, die Rampen
der **Ramsch**
der **Rand**, die Ränder
er **rang** → ringen
die **Ran|ge|lei**, die Range-leien
er **rann|te** → rennen
der **Ran|zen**, die Ranzen
ran|zig
rasch
ra|scheln
ra|sen
der **Ra|sen**, die Rasen
ra|sie|ren
die **Ras|se**, die Rassen

ras|seln
die Rast, die Rasten
ras|ten
rast|los
der Rat

Anstelle des Wortes *Rat* kann man auch *Ratschlag* verwenden. Von *Ratschlag* kann man dann die Mehrzahl bilden: Tante Moni gibt meiner Schwester immer kluge *Ratschläge*.

ra|ten, sie rät, sie riet, sie hat geraten
rat|los
das Rät|sel, die Rätsel

rät|sel|haft
die Rat|te, die Ratten
rat|tern
rau
rau|ben
der Räu|ber, die Räuber
das Raub|tier, die Raubtiere
der Rauch
rau|chen
rau|fen
der Raum, die Räume
räu|men
die Rau|pe, die Raupen
der Rau|reif
raus
raus|kom|men, sie kam raus, sie ist rausgekommen
rau|schen
räus|pern
rech|nen
recht ha|ben, auch: Recht haben
das Recht, die Rechte
rechts
der Recht|schreib|feh|ler, die Rechtschreibfehler
der Rechts|hän|der, die Rechtshänder
recht|zei|tig
re|cken
das Re|cyc|ling
re|den
das Re|gal, die Regale
die Re|gel, die Regeln
re|gel|mä|ßig
der Re|gen
re|gie|ren
die Re|gie|rung, die Regierungen

reg|nen
reg|ne|risch
das Reh, die Rehe
das Reh|kitz, die Rehkitze
rei|ben, er rieb, er hat gerieben
reich
rei|chen
reif
der Rei|fen, die Reifen

Aa Bb Cc Dd Ee Ff Gg Hh Ii Jj Kk Ll Mm Nn Oo Pp Qq Rr Ss Tt Uu Vv Ww Xx Yy Zz

Aa Bb Cc Dd Ee Ff Gg Hh Ii Jj Kk Ll Mm Nn Oo Pp Qq Rr Ss Tt Uu Vv Ww Xx Yy Zz

die **Rei|he**, die Reihen
rei|men
rein
rein|ge|hen, er ging rein, er ist reingegangen
rein|lich
rei|ni|gen
die **Rei|se**, die Reisen
rei|se|lus|tig
rei|sen
rei|ßen, sie riss, sie hat gerissen, etwas ist gerissen
der **Reiß|ver|schluss**, die Reißverschlüsse
rei|ten, sie ritt, sie ist geritten
der **Rei|ter**, die Reiter
rei|zen
rei|zend
die **Re|kla|me**, die Reklamen
der **Rek|tor**, die Rektoren
die **Re|li|gi|on**, die Religionen

re|li|gi|ös
rem|peln
ren|nen, er rannte, er ist gerannt
der **Rent|ner**, die Rentner
re|pa|rie|ren
die **Re|pub|lik**, **Re|pu|blik**, die Republiken
re|ser|viert
der **Res|pekt**, **Re|spekt**
der **Rest**, die Reste
das **Res|tau|rant**, die Restaurants
rest|los
ret|ten
die **Reue**
reu|mü|tig
der **Re|vol|ver**, die Revolver
das **Re|zept**, die Rezepte
der **Rhein**
Rhein|land-Pfalz
der **Rhyth|mus**, die Rhythmen
der **Rich|ter**, die Richter
rich|tig
die **Rich|tung**, die Richtungen
er **rieb** → reiben
rie|chen, sie roch, sie hat gerochen
sie **rief** → rufen
der **Rie|gel**, die Riegel
der **Rie|men**, die Riemen
der **Rie|se**, die Riesen
rie|seln
rie|sig
er **riet** → raten
das **Rind**, die Rinder
die **Rin|de**, die Rinden
der **Ring**, die Ringe
rin|gen, er rang, er hat gerungen
rings|he|rum, **rings|her|um**
die **Rip|pe**, die Rippen
das **Ri|si|ko**, die Risiken
sie **riss** → reißen

der **Riss**, die Risse
sie **ritt** → reiten
der **Rit|ter**, die Ritter

die **Rob|be**, die Robben
der **Ro|bo|ter**, die Roboter
sie **roch** → riechen
der **Rock**, die Röcke
ro|deln
roh
das **Rohr**, die Rohre
die **Röh|re**, die Röhren
rol|len
der **Roll|schuh**, die Rollschuhe
der **Rol|ler**, die Roller
ro|sa
die **Ro|se**, die Rosen
der **Rost**, die Roste

ros|ten
rös|ten
ros|tig
rot
rotz|frech
rub|beln
die **Rü|be**, die Rüben
der **Ruck**, die Rucke
ruck|ar|tig
der **Rü|cken**, die Rücken
der **Ruck|sack**, die Rücksäcke
die **Rück|sicht**
rück|sichts|los
rück|wärts
ru|dern
ru|fen, sie rief, sie hat gerufen
die **Ru|he**
ru|hen
ru|hig
der **Ruhm**
rüh|ren
rül|psen
rümp|fen
rund
die **Run|de**, die Runden
run|ter
run|ter|kom|men, er kam runter, er ist runtergekommen
runz|lig, auch: runzelig
rup|fen
der **Rüs|sel**, die Rüssel
rus|sisch
Russ|land
die **Ru|te**, die Ruten
die **Rut|sche**, die Rutschen

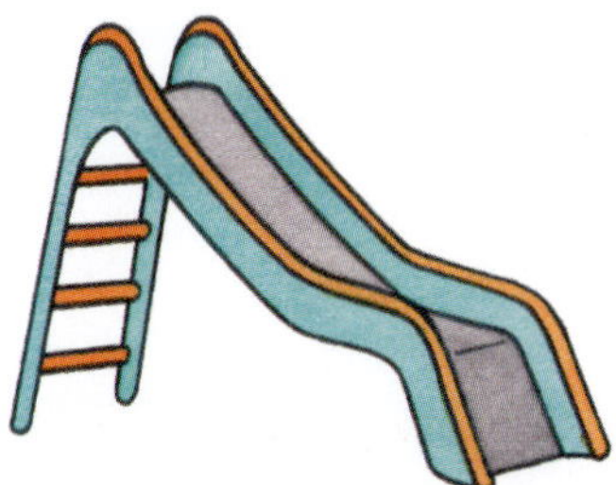

rut|schen
rüt|teln

der **Saal**, die Säle
das **Saar|land**
die **Saat**, die Saaten
die **Sa|che**, die Sachen
sach|lich
Sach|sen
Sach|sen-An|halt
sacht, auch: sachte
der **Sack**, die Säcke
das **Sack|hüp|fen**
sä|en
der **Saft**, die Säfte
die **Sa|ge**, die Sagen
die **Sä|ge**, die Sägen
sa|gen

Hier sind verschiedene Begriffe für das Tunwort *sagen*: laut: *schreien, brül-len, rufen* ... leise: *flüstern, wispern, murmeln, zischen* ... normal: *reden, sprechen, erzählen, berichten* ...

sä|gen
die **Sa|ha|ra**
die **Sah|ne**
die **Sah|ne|tor|te**, die Sahnetorten
sah|nig
die **Sai|te**, die Saiten (eines Instruments)

Es gibt nur ganz wenige Wörter, die mit *ai* geschrie-ben werden, wie zum Beispiel: *die Saite, die Taille, die Waise, der Mai, der Hai* und *der Kaiser*. Wenn du dir diese Ausnahmen merkst und sonst mit *ei* schreibst, kannst du nichts falsch machen.

der **Sa|la|man|der**, die Salamander
der **Sa|lat**, die Salate

die **Sallatlschüslsel**, die Salatschüsseln
die **Sallbe**, die Salben
der **Sallto**, die Saltos, auch: die Salti
das **Salz**
sallzen
sallzig
der **Salmalrilter**, die Samariter
der **Salmen**, auch: der Same, die Samen
samlmeln
die **Sammllung**, die Sammlungen
der **Samsltag**, die Samstage
samsltags
der **Samt**
samltig
sämtllich
der **Sand**
die **Sanldalle**, die Sandalen

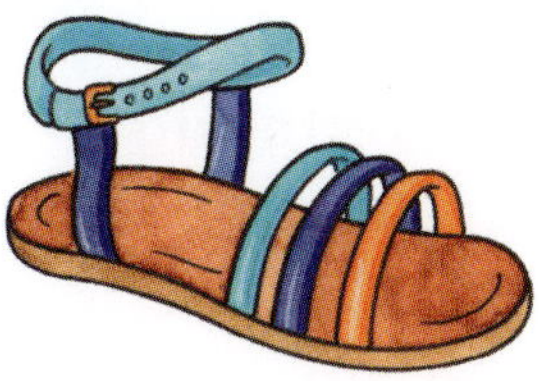

die **Sandlburg**, die Sandburgen
sanldig
sie **sandlte** → senden
sanft
sie **sang** → singen
der **Sänlger**, die Sänger
der **Salnilttälter**, die Sanitäter
die **Salnilttältelrin**, die Sanitäterinnen
es **sank** → sinken
der **Sarg**, die Särge
sie **saß** → sitzen
satt
der **Satltel**, die Sättel
sätltilgend
der **Satz**, die Sätze
der **Satzlbau**
das **Satzlzeilchen**, die Satzzeichen
die **Sau**, die Säue, auch: die Sauen

> Das weibliche Schwein heißt *Sau*, das männliche *Eber* und den Nachwuchs nennt man *Ferkel*.

saulber
die **Saulberlkeit**
die **Saulce**, auch: die Soße, die Saucen
saueler
säulerllich
das **Saulerlkraut**
saulfen, er säuft, er soff, er hat gesoffen
saulgen, sie sog, sie hat gesogen
säulgen
das **Säulgeltier**, die Säugetiere
der **Säuglling**, die Säuglinge
die **Säulle**, die Säulen

der **Saum**, die Säume
die **Sau|na**, die Saunas, auch: die Saunen
die **Säu|re**, die Säuren
der **Sau|ri|er**, die Saurier
säu|seln
sau|sen
das **Sa|xo|fon**, auch: das Saxophon, die Saxofone
die **S-Bahn**, die S-Bahnen
der **Scan|ner**, die Scanner
scha|ben
der **Scha|ber|nack**
schä|big
die **Schab|lo|ne**, **Scha|blo|ne**, die Schablonen
der **Schacht**, die Schächte
die **Schach|tel**, die Schachteln
scha|de
der **Scha|den**, die Schäden
scha|den|froh
schäd|lich
das **Schaf**, die Schafe

die **Schäf|chen|wol|ken**
der **Schä|fer**, die Schäfer
schaf|fen
der **Schaff|ner**, die Schaffner
der **Schal**, die Schals
die **Scha|le**, die Schalen
schä|len
der **Schall**
schall|dicht
schal|len
er **schalt** → schelten
schal|ten
der **Schal|ter**, die Schalter
das **Schalt|jahr**, die Schaltjahre
die **Schal|tung**, die Schaltungen
die **Scham**
sich **schä|men**, sie schämt sich
scham|rot
die **Schan|de**
die **Schar**, die Scharen
scharf, schärfer, am schärfsten
die **Schär|fe**
scharf|sin|nig
schar|ren
der **Schat|ten**, die Schatten
schat|tig
der **Schatz**, die Schätze
schau|der|haft
schau|dern
schau|en
die **Schau|fel**, die Schaufeln

das **Schau|fens|ter**, die Schaufenster
schau|keln

Vom Tunwort *schaukeln* sind folgende Wörter abgeleitet: die *Schaukel*, der *Schaukel*stuhl, das *Schaukel*pferd, *schauklig* (auch: *schaukelig*)

der **Schaum**, die Schäume
schau|mig
der **Schau|spie|ler**, die Schauspieler
die **Schei|be**, die Scheiben
die **Schei|dung**, die Scheidungen
schei|nen, es schien, es hat geschienen
schei|tern
schel|len
der **Schelm**, die Schelme
schel|misch
schel|ten, er schilt, er schalt, er hat gescholten
der **Schen|kel**, die Schenkel
schen|ken
die **Scher|be**, die Scherben

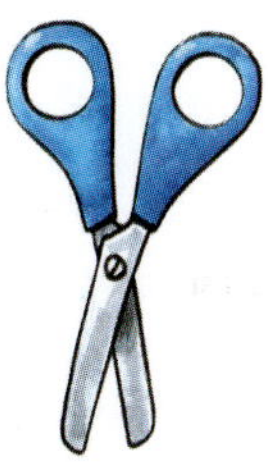

die **Sche|re**, die Scheren
der **Scherz**, die Scherze
der **Scherz|ar|ti|kel**, die Scherzartikel
scherz|haft
scheu
die **Scheu**
scheu|chen
scheu|en
das **Scheu|er|mit|tel**, die Scheuermittel
scheu|ern
die **Scheu|ne**, die Scheunen
das **Scheu|sal**, die Scheusale
scheuß|lich
der **Schi**, die Schier, auch: der Ski, die Skier

die **Schicht**, die Schichten
der **Schicht|wech|sel**, die Schichtwechsel
schick
schi|cken
das **Schick|sal**, die Schicksale
schie|ben, sie schob, sie hat geschoben
der **Schieds|rich|ter**, die Schiedsrichter
schief
schief laufen
schie|len
es **schien** → scheinen
das **Schien|bein**, die Schienbeine
die **Schie|ne**, die Schienen
schie|ßen, sie schoss, sie hat geschossen

Aa Bb Cc Dd Ee Ff Gg Hh Ii Jj Kk Ll Mm Nn Oo Pp Qq Rr Ss Tt Uu Vv Ww Xx Yy Zz

das **Schiff**, die Schiffe
schiff|brü|chig
die **Schiff|fahrt**, die Schiff-fahrten

Wenn bei einem zusammengesetzten Begriff drei gleiche Mitlaute aufeinandertreffen, werden auch alle drei geschrieben.
Der gleiche Fall tritt zum Beispiel bei *das Betttuch* auf.

das **Schild**, die Schilder
schil|dern
das **Schilf**
schil|lern
er **schilt** → schelten
der **Schim|mel**, (die Schimmel → weißes Pferd)
schim|me|lig, auch: schimmlig
schim|meln
schim|mern
der **Schim|pan|se**, die Schimpansen
schimp|fen
der **Schin|ken**, die Schinken
schip|pen
der **Schirm**, die Schirme
schlab|bern
die **Schlacht**, die Schlachten
schlach|ten
schla|ckern

der **Schlaf**
schla|fen, du schläfst, du schliefst, du hast geschlafen
schlaff
schläf|rig
schlaf|wan|deln
der **Schlag**, die Schläge
schla|gen, er schlägt, er schlug, er hat geschlagen
der **Schlä|ger**, die Schläger
die **Schlä|ge|rei**, die Schlägereien
der **Schlamm**
schlam|mig
schlam|pig
er **schlang** → schlingen
die **Schlan|ge**, die Schlangen
sich **schlän|geln**
schlank
schlapp
schlau
der **Schlauch**, die Schläuche
die **Schlau|fe**, die Schlaufen
schlecht
schle|cken
schlei|chen, sie schlich, sie ist geschlichen
der **Schlei|er**, die Schleier
die **Schlei|fe**, die Schleifen
schlei|fen, sie schliff, sie hat geschliffen

der **Schleim**
schlei|mig
schlen|dern
schlep|pen
Schles|wig-Hol|stein
schleu|dern
die **Schleu|se**, die Schleu-sen
sie **schlich** → schleichen
du **schliefst** → schlafen
schlie|ßen, sie schloss, sie hat geschlossen, es ist geschlossen
schließ|lich
sie **schliff** → schleifen
schlimm
schlimms|ten|falls
die **Schlin|ge**, die Schlingen
schlin|gen, er schlang, er hat geschlungen
der **Schlips**, die Schlipse
der **Schlit|ten**, die Schlitten
schlit|tern
der **Schlitt|schuh**, die Schlittschuhe
der **Schlitz**, die Schlitze
sie **schloss** → schließen
das **Schloss**, die Schlösser
der **Schlot**, die Schlote
schlot|tern
die **Schlucht**, die Schluch-ten
schluch|zen
der **Schluch|zer**, die Schluchzer
der **Schluck**, die Schlucke
der **Schluck|auf**
schlu|cken
er **schlug** → schlagen
schlum|mern
schlüp|fen

das **Schlupf|loch**, die Schlupflöcher
schlur|fen
schlür|fen
der **Schluss**, die Schlüsse

der Schul*schluss*, der Schulab*schluss*, das *Schluss*wort, der Abgabe*schluss*, der *Schluss*pfiff, der *Schluss*akkord …

der **Schlüs|sel**, die Schlüssel

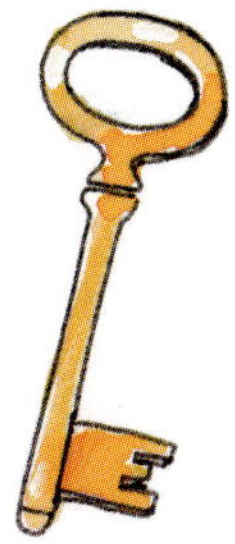

schmäch|tig
schmack|haft
schmal
schmat|zen
schme|cken
schmei|chel|haft
schmei|cheln
schmel|zen, es schmilzt, es schmolz, es ist ge-schmolzen
der **Schmerz**, die Schmerzen

schmer|zen
schmerz|haft
der **Schmet|ter|ling**, die Schmetterlinge

schmet|tern
der **Schmied**, die Schmiede
schmie|den
schmie|gen
schmie|ren
der **Schmier|zet|tel**, die Schmierzettel
schmin|ken
es **schmolz** → schmelzen
der **Schmuck**
schmü|cken
der **Schmutz**
schmut|zig
der **Schna|bel**, die Schnäbel
die **Schna|ke**, die Schnaken
die **Schnal|le**, die Schnallen
schnal|len
schnap|pen
der **Schnaps**, die Schnäpse
die **Schnaps|idee**, die Schnapsideen
schnar|chen
schnat|tern
schnau|ben
schnau|fen
die **Schnau|ze**, die Schnauzen
sich **schnäu|zen**, sie schnäuzt sich
die **Schne|cke**, die Schne-cken
der **Schnee**

Zur Wortfamilie *Schnee* gehören unter anderen: die *Schnee*flocken, die *Schnee*ballschlacht, der *Schnee*mann, der Tief*schnee*, der Pulver-*schnee*, *schnee*weiß.

schnei|den, sie schnitt, sie hat geschnitten
der **Schnei|der**, die Schnei-der
der **Schnei|de|zahn**, die Schneidezähne
schnei|en
schnell
schnip|pen
das **Schnip|sel**, auch: der Schnipsel, die Schnip-sel
der **Schnitt**, die Schnitte
sie **schnitt** → schneiden
das **Schnit|zel**, die Schnitzel

schnit|zen
der **Schnor|chel**, die Schnorchel
schnüf|feln
der **Schnul|ler**, die Schnuller
der **Schnup|fen**, die Schnupfen
schnup|pern
die **Schnur**, die Schnüre
schnü|ren

schnur|ge|ra|de
der Schnurr|bart, die Schnurrbärte
schnur|ren
sie schob → schieben
der Schock, die Schocks
die Scho|ko|la|de, die Schokoladen
schon
schön
die Schön|heit, die Schönheiten
schöp|fen
der Schöpf|löf|fel, die Schöpflöffel
der Schorn|stein|fe|ger, die Schornsteinfeger
der Schoß, die Schöße
sie schoss → schießen
schräg
der Schrank, die Schränke

die Schran|ke, die Schranken
die Schrau|be, die Schrauben
der Schreck, die Schrecke, auch: der Schrecken, die Schrecken
schreck|haft
schreck|lich
der Schrei, die Schreie
schrei|ben, du schriebst, du hast geschrieben
schrei|en, sie schrie, sie hat geschrien
schrei|ten, sie schritt, sie ist geschritten
die Schrift, die Schriften
der Schrift|stel|ler, die Schriftsteller
der Schritt, die Schritte
der Schrott
schrub|ben
schrump|fen
die Schub|la|de, die Schubladen
schub|sen
schüch|tern
der Schuh, die Schuhe

die Schuh|soh|le, die Schuhsohlen
die Schuld
schul|dig
die Schu|le, die Schulen
der Schü|ler, die Schüler
die Schul|ter, die Schultern
schum|meln
der Schup|pen, die Schuppen
schup|pig
der Schuss, die Schüsse
die Schüs|sel, die Schüsseln
der Schus|ter, die Schuster
schüt|teln
schüt|ten

Aa Bb Cc Dd Ee Ff Gg Hh Ii Jj Kk Ll Mm Nn Oo Pp Qq Rr Ss Tt Uu Vv Ww Xx Yy Zz

der **Schutz**
schüt|zen
schwach, schwächer, am schwächsten
der **Schwamm**, die Schwämme
sie **schwamm** → schwimmen
der **Schwan**, die Schwäne
schwan|ger
schwan|ken

der **Schwanz**, die Schwänze
schwän|zen
der **Schwarm**, die Schwärme
schwär|men
schwarz
schwät|zen
schwe|ben
Schwe|den
schwe|disch
schwei|gen, er schwieg, er hat geschwiegen
das **Schwein**, die Schweine
der **Schweiß**
die **Schweiz**
schwei|ze|risch
die **Schwel|le**, die Schwellen
schwen|ken
schwer
schwer|fäl|lig
das **Schwert**, die Schwerter
die **Schwes|ter**, die Schwestern
du **schwiegst** → schweigen

schwie|rig
die **Schwie|rig|keit**, die Schwierigkeiten
schwim|men, sie schwamm, sie ist geschwommen
der **Schwin|del**
schwin|de|lig, auch: schwindlig
schwin|deln
schwin|gen
schwit|zen
schwö|ren
schwül
der **Schwung**, die Schwünge
schwung|voll
der **Schwur**, die Schwüre

sechs
sech|zig
der **See**, die Seen
die **See|le**, die Seelen
das **Se|gel**, die Segel
se|geln
das **Se|gel|schiff**, die Segelschiffe

seg|nen
se|hen, du siehst, du sahst, du hast gesehen
se|hens|wert
sich **seh|nen**
die **Sehn|sucht**, die Sehnsüchte
sehr

die **Sei|de**
die **Sei|fe**, die Seifen
das **Seil**, die Seile
das **Seil|sprin|gen**
sein

ich bin/war/bin gewesen
du bist/warst/bist gewesen
er/sie/es ist/war/ist gewesen
wir sind/waren/sind gewesen
ihr seid/wart/seid gewesen
sie sind/waren/sind gewesen

sein, seiner, seine, seines
seit
die **Sei|te** (Buchseite), die Seiten
seit|lich
die **Se|kre|tä|rin**, die Sekretärinnen
die **Se|kun|de**, die Sekunden
sel|ber
selbst
selbst|be|wusst
selbst|stän|dig, auch: selbständig
das **Selbst|ver|trau|en**
selbst|ver|ständ|lich
se|lig
sel|ten
selt|sam
die **Sem|mel**, die Semmeln
sen|den, sie sandte, auch: sendete, sie hat gesendet
die **Sen|dung**, die Sendungen
der **Senf**
senk|recht
die **Sen|sa|ti|on**, die Sensationen
der **Sep|tem|ber**
die **Se|rie**, die Serien
ser|vie|ren
die **Ser|vi|et|te**, die Servietten
Ser|vus!
der **Ses|sel**, die Sessel
set|zen
seuf|zen
das **Sham|poo**, auch: das Shampoon, die Shampoos
der **She|riff**, die Sheriffs
die **Show**, die Shows
sich
si|cher
die **Si|cher|heit**, die Sicherheiten
die **Sicht**
sicht|bar
si|ckern
sie
das **Sieb**, die Siebe
sie|ben
sieb|zig
der **Sieg**, die Siege
sie|gen
der **Sie|ger**, die Sieger
sie|ges|si|cher
du **siehst** → sehen
sie|zen

Der rechte Arm zeigt senkrecht nach oben.

Aa Bb Cc Dd Ee Ff Gg Hh Ii Jj Kk Ll Mm Nn Oo Pp Qq Rr Ss Tt Uu Vv Ww Xx Yy Zz

die **Sil|be**, die Silben
das **Sil|ber**
sil|bern
das **Sil|ves|ter**, die Silvester
sie **sind** → sein
sin|gen, sie sang, sie hat gesungen
der **Sin|gu|lar**
sin|ken, es sank, es ist gesunken
der **Sinn**, die Sinne
die **Sint|flut**
die **Sip|pe**, die Sippen
die **Si|re|ne**, die Sirenen
die **Sit|te**, die Sitten
sit|zen, sie saß, sie hat gesessen
das **Skate|board**, die Skateboards
das **Ske|lett**, die Skelette
der **Ski**, auch: Schi, die Skier

die **Skiz|ze**, die Skizzen
skiz|zie|ren
der **Skla|ve**, die Sklaven
der **Smog**
das **Snow|board**, die Snowboards
so

so|bald
die **So|cke**, auch: der Socken, die Socken
so|dass, auch: so dass
so|eben
das **So|fa**, die Sofas

er **soff** → saufen
so|fort
sie **sog** → saugen
so|gar
die **Soh|le**, die Sohlen
der **Sohn**, die Söhne
solch
der **Sol|dat**, die Soldaten
sol|len
der **Som|mer**, die Sommer
son|der|bar
son|dern
sonn|abends
die **Son|ne**
son|nig
der **Sonn|tag**, die Sonntage
sonn|tags
sonst
die **Sor|ge**, die Sorgen
sorg|fäl|tig
sorg|los
die **Sor|te**, die Sorten
die **So|ße**, auch: die Sauce, die Soßen
so|viel (ich weiß ...)

so|weit (ich weiß …)
so|wie|so
so|wohl
so|zi|al
der Spa|gat, auch: das Spagat, die Spagate
die Spa|get|ti, auch: die Spaghetti

Wie du am Beispiel von *Spagetti* sehen kannst, gibt es Wörter mit verschiedenen Schreibmöglichkeiten. Es ist zum Beispiel auch erlaubt, *Spaghetti* mit *h* zu schreiben.

spä|hen
der Spalt, die Spalte
spal|ten
die Span|ge, die Spangen
Spa|ni|en
spa|nisch
span|nend
die Span|nung
spa|ren
der Spar|gel
der Spaß, die Späße
spa|ßen
spa|ßig
spät
spä|tes|tens
der Spa|ten, die Spaten
der Spatz, die Spatzen
der Spa|zier|gang, die Spaziergänge
spa|zie|ren ge|hen, du gehst spazieren → gehen
der Specht, die Spechte

der Speck
die Spei|che, die Speichen
der Spei|chel
der Spei|cher, die Speicher
spei|chern
spei|en
die Spei|se, die Speisen
die Spen|de, die Spenden
spen|den
sper|ren

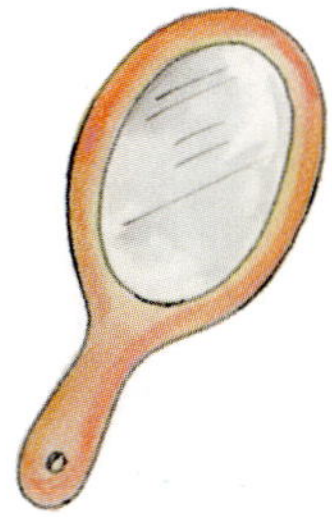

spe|zi|ell
spi|cken
der Spie|gel, die Spiegel
spie|geln
spie|len

Auch das Tunwort *spielen* hat eine ziemlich große Wortfamilie: das *Spiel*, der *Spiel*platz, das *Spiel*feld, das Karten*spiel*, die *Spiel*sachen …

der Spi|nat
die Spin|ne, die Spinnen
spin|nen
spi|o|nie|ren
spitz
die Spit|ze, die Spitzen
spit|zen

Aa Bb Cc Dd Ee Ff Gg Hh Ii Jj Kk Ll Mm Nn Oo Pp Qq Rr Ss Tt Uu Vv Ww Xx Yy Zz

der **Split|ter**, die Splitter
der **Sport**
der **Sport|ler**, die Sportler
der **Spott**
spot|ten
sie **sprach** → sprechen
die **Spra|che**, die Sprachen
sprach|los
ich **sprang** → springen
spre|chen, sie spricht, sie sprach, sie hat gesprochen
spren|gen
sprie|ßen, es spross, es ist gesprossen
sprin|gen, ich sprang, ich bin gesprungen
sprit|zen
die **Spritz|pis|to|le**, die Spritzpistolen
der **Spross**, die Sprosse
es **spross** → sprießen
die **Spros|se**, die Sprossen (einer Leiter)

der **Spruch**, die Sprüche
der **Spru|del**
spru|deln
sprü|hen
der **Sprung**, die Sprünge
spu|cken
der **Spuk**
spu|ken
spü|len
die **Spur**, die Spuren
spür|bar
spü|ren
die **Spür|na|se**, die Spürnasen
spur|ten
sich **spu|ten**, er sputet sich
der **Staat**, die Staaten
der **Stab**, die Stäbe
sie **stach** → stechen
der **Sta|chel**, die Stacheln
stach|lig, auch: stachelig
das **Sta|di|on**, die Stadien
die **Stadt**, die Städte
der **Stadt|bum|mel**
sie **stahl** → stehlen
der **Stahl**
der **Stall**, die Ställe
der **Stamm**, die Stämme
stam|meln
stäm|mig
stamp|fen
sie **stand** → stehen
der **Stand**, die Stände
stand|haft
stän|dig
die **Stan|ge**, die Stangen
der **Stän|gel**, die Stängel
es **stank** → stinken
der **Sta|pel**, die Stapel

sta|peln
sie starb → sterben
stark, stärker, am stärksten
stär|ken
starr
star|ren
starr|köp|fig
der Start, die Starts
star|ten
die Sta|ti|on, die Stationen
statt
statt|des|sen
statt|fin|den, es findet statt → finden
statt|lich
die Sta|tue, die Statuen
der Staub
staub|sau|gen, auch: Staub saugen
stau|nen
ste|chen, sie sticht, sie stach, sie hat gestochen
ste|cken
der Steg, die Stege
ste|hen, sie stand, sie hat gestanden
steh|len, sie stiehlt, sie stahl, sie hat gestohlen
steif
stei|gen, er stieg, er ist gestiegen
steil
der Stein, die Steine
stei|nig
die Stein|zeit

die Stel|le, die Stellen
stel|len
der Stel|zen|läu|fer, die Stelzenläufer
stem|men
der Stem|pel, die Stempel
stem|peln
ster|ben, sie stirbt, sie starb, sie ist gestorben
der Stern, die Sterne
die Stern|schnup|pe, die Sternschnuppen
stets
das Steu|er, die Steuer (eines Autos)
die Steu|er, die Steuern (Geld)
steu|ern
sti|bit|zen
der Stich, die Stiche
sti|cheln
sie sticht → stechen
sti|cken
sti|ckig

der **Stie|fel**, die Stiefel
stie|feln
er **stieg** → steigen
der **Stiel**, die Stiele
der **Stier**, die Stiere
er **stieß** → stoßen
der **Stift**, die Stifte

still
die **Stim|me**, die Stimmen
stim|men
die **Stim|mung**, die Stimmungen
stin|ken, es stank, es hat gestunken
die **Stirn**, die Stirnen
stö|bern
der **Stoff**, die Stoffe
stöh|nen
stol|pern
stop|fen
der **Stopp**, die Stopps
das **Stopp|schild**, die Stoppschilder
der **Stöp|sel**, die Stöpsel

der **Storch**, die Störche
stö|ren
stör|risch
sto|ßen, er stößt, er stieß, er hat gestoßen
stot|tern
die **Stra|fe**, die Strafen
stra|fen
straff
straf|los
strah|len
die **Sträh|ne**, die Strähnen
stramm
stram|peln
der **Strand**, die Strände
die **Stra|ße**, die Straßen
sich **sträu|ben**, er sträubt sich
der **Strauch**, die Sträucher
der **Strauß**

> Das Wort *Strauß* hat zwei unterschiedliche Bedeutungen: 1. ein Strauß mit Blumen; Mehrzahl: *die Sträuße*, 2. die Vogelart Strauß; Mehrzahl: *die Strauße*.

der **Stre|ber**, die Streber
stre|cken
der **Streich**, die Streiche
strei|cheln
der **Strei|fen**, die Streifen
der **Streit**, die Streite
strei|ten, sie stritten, sie haben gestritten

streng
der **Stress**
streu|en

der **Strich**, die Striche
der **Strick**, die Stricke
stri|cken
sie **strit|ten** → streiten
das **Stroh**
der **Strolch**, die Strolche
der **Strom** (Elektrizität)
der **Strom**, die Ströme (Fluss)
strö|men
die **Strö|mung**, die Strömungen
die **Stro|phe**, die Strophen
der **Strumpf**, die Strümpfe
strup|pig
die **Stu|be**, die Stuben
das **Stück**, die Stücke
stu|die|ren
die **Stu|fe**, die Stufen
der **Stuhl**, die Stühle
stumm
stumpf
die **Stun|de**, die Stunden, kurz: h
stun|den|lang
der **Stun|den|plan**, die Stundenpläne
stünd|lich
stup|sen
die **Stups|na|se**, die Stupsnasen
stur
der **Sturm**, die Stürme
stür|men
stür|misch
stür|zen
die **Stu|te**, die Stuten

Das weibliche Pferd nennt man *Stute*, das männliche Pferd *Hengst*. Das Pferdekind heißt *Fohlen*.

stüt|zen
stut|zig
das **Sub|stan|tiv**, die Substantive
sub|tra|hie|ren
su|chen
süch|tig
der **Sü|den**
süd|lich
die **Sum|me**, die Summen
sum|men
der **Sumpf**, die Sümpfe
sump|fig
die **Sün|de**, die Sünden
su|per
der **Su|per|markt**, die Supermärkte
die **Sup|pe**, die Suppen
sur|fen
süß
die **Sü|ßig|keit**, die Süßigkeiten

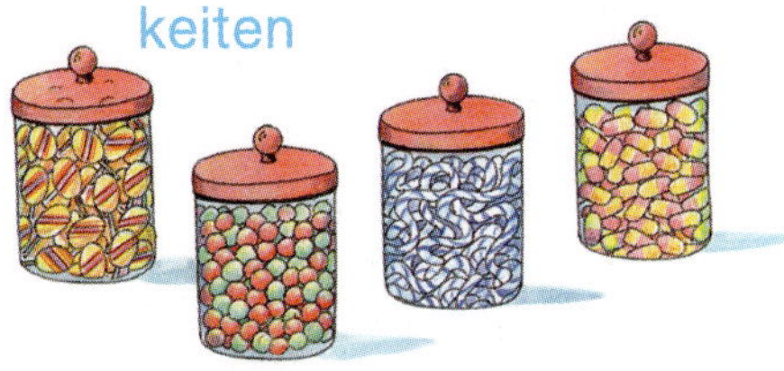

sym|pa|thisch
die **Sy|na|go|ge**, die Synagogen
die **Sze|ne**, die Szenen

Aa Bb Cc Dd Ee Ff Gg Hh Ii Jj Kk Ll Mm Nn Oo Pp Qq Rr Ss Tt Uu Vv Ww Xx Yy Zz

die **Ta|bel|le**, die Tabellen
das **Tab|lett**, **Ta|blett**, die Tabletts, auch: die Tablette
die **Ta|blet|te**, **Tab|let|te**, die Tabletten
ta|del|los
ta|deln
die **Ta|fel**, die Tafeln
der **Tag**, die Tage
ta|ge|lang
täg|lich
tags|über
die **Tail|le**, die Taillen
der **Takt**, die Takte
das **Tal**, die Täler
das **Ta|lent**, die Talente
das **Tan|dem**, die Tandems
tan|ken
die **Tank|stel|le**, die Tank-stellen
die **Tan|ne**, die Tannen
der **Tan|nen|zap|fen**, die Tannenzapfen
die **Tan|te**, die Tanten
der **Tanz**, die Tänze
tan|zen
die **Ta|pe|te**, die Tapeten
tap|fer
tap|pen
tap|sig
die **Ta|sche**, die Taschen
das **Ta|schen|geld**
die **Tas|se**, die Tassen
die **Tas|ta|tur**, die Tastaturen
die **Tas|te**, die Tasten
tas|ten
er **tat** → tun
die **Tat**, die Taten
tat|kräf|tig
die **Tat|sa|che**, die Tatsa-chen
tat|säch|lich
das **Tat|too**, die Tattoos
die **Tat|ze**, die Tatzen
taub
die **Tau|be**, die Tauben
tau|ben|blau
taub|stumm

tau|chen
die **Tau|fe**, die Taufen
tau|gen
tau|schen
täu|schen
tau|send

Hier musst du gut auf die Groß- und Kleinschreibung achten: Meine kleine Schwester kann schon *bis tausend* zählen. Auf dem Platz vor dem Rathaus warteten *tausende* (auch: *Tausende*) von Menschen. Das Buch hat *zweitausend* Seiten.

der **Tau|trop|fen**, die Tautropfen
das **Ta|xi**, die Taxis, auch: die Taxe, die Taxen
das **Team**, die Teams
die **Tech|nik**, die Techniken
tech|nisch
der **Ted|dy**, die Teddys
der **Ted|dy|bär**, die Teddybären
der **Tee**, die Tees
der **Tee|na|ger**, die Teenager
der **Teer**
der **Teich**, die Teiche
der **Teig**, die Teige
tei|gig
der **Teil**, die Teile

teil|bar
tei|len
die **Teil|nah|me**, die Teilnahmen
teil|neh|men, er nimmt teil
teil|nahms|los
der **Teil|neh|mer**, die Teilnehmer
teil|wei|se
das **Te|le|fon**, die Telefone
te|le|fo|nie|ren
die **Te|le|fon|zel|le**, die Telefonzellen
der **Tel|ler**, die Teller

der **Tem|pel**, die Tempel
die **Tem|pe|ra|tur**, die Temperaturen
das **Tem|po**
das **Ten|nis**
der **Tep|pich**, die Teppiche
das **Ter|ra|ri|um**, die Terrarien
die **Ter|ras|se**, die Terrassen
der **Ter|ro|rist**, die Terroristen
der **Test**, die Tests
tes|ten
teu|er
der **Teu|fel**, die Teufel
teuf|lisch
der **Text**, die Texte

Aa Bb Cc Dd Ee Ff Gg Hh Ii Jj Kk Ll Mm Nn Oo Pp Qq Rr Ss Tt Uu Vv Ww Xx Yy Zz

das **The|a|ter**, die Theater
the|o|re|tisch
das **Ther|mo|me|ter**, die Thermometer
Thü|rin|gen
ti|cken
tief
die **Tie|fe**, die Tiefen
tief|ge|kühlt
das **Tier**, die Tiere
tier|lieb
der **Tier|schutz**
der **Ti|ger**, die Tiger
die **Tin|te**
der **Tipp**, die Tipps
tip|pen
Ti|rol
der **Tisch**, die Tische
die **Tisch|ma|nie|ren**
der **Ti|tel**, die Titel
die **Toch|ter**, die Töchter
der **Tod**, die Tode
töd|lich
das **To|hu|wa|bo|hu**
die **To|i|let|te**, die Toiletten
toll
toll|pat|schig
die **Toll|wut**
die **To|ma|te**, die Tomaten

die **Tom|bo|la**, die Tombolas
der **Ton**, die Töne
tö|nen
die **Ton|ne**, die Tonnen
ton|nen|wei|se

die **Tö|nung**, die Tönungen
der **Topf**, die Töpfe
töp|fern
top|fit
das **Tor**, die Tore
tö|richt
tor|keln
die **Tor|te**, die Torten

der **Tor|wart**, die Torwarte
tot → der Tod

Bei diesem Tunwort musst du dir das zweite *t* gut einprägen, da man ja das Namenwort (*der Tod*) hinten mit *d* schreibt. Weitere Wörter aus dieser Familie sind: *toten*bleich, *sich tot*lachen, *töten*; aber: *tod*bleich, *tod*ernst, *tod*müde …

der **Tou|rist**, die Touristen
tra|ben
die **Tracht**, die Trachten
träch|tig
er **traf** → treffen
trä|ge, auch: träg
tra|gen, du trägst, du trugst, du hast getragen
trai|nie|ren
das **Trai|ning**, die Trainings
der **Trak|tor**, die Traktoren
träl|lern
die **Tram|bahn**, die Trambahnen

tram|peln
das **Tram|po|lin**, die Trampoline
die **Trä|ne**, die Tränen
trä|nen
du **trankst** → trinken
trans|por|tie|ren
er **trat** → treten
trat|schen
die **Trau|be**, die Trauben
sich **trau|en**, sie hat sich getraut
die **Trau|er**
trau|ern
der **Traum**, die Träume
träu|men
träu|me|risch
traum|haft
trau|rig
die **Trau|rig|keit**
die **Trau|ung**, die Trauungen
der **Tre|cker**, die Trecker
tref|fen, er trifft, er traf, er hat getroffen
der **Tref|fer**, die Treffer
der **Treff|punkt**, die Treffpunkte
trei|ben, sie trieb, sie hat getrieben
tren|nen
die **Trep|pe**, die Treppen
trepp|auf, trepp|ab

der **Tre|sor**, die Tresore
das **Tret|boot**, die Tretboote
tre|ten, er trat, er ist/hat getreten
treu
treu|her|zig
die **Tri|an|gel**, die Triangeln
die **Tri|bü|ne**, die Tribünen
der **Trich|ter**, die Trichter
der **Trick**, die Tricks
sie **trieb** → treiben
er **trifft** → treffen
das **Tri|kot**, die Trikots
die **Tril|ler|pfei|fe**, die Trillerpfeifen
trink|bar
trin|ken, du trankst, du hast getrunken
das **Trink|was|ser**
trip|peln
trist
der **Tritt**, die Tritte
tro|cken
trock|nen
trö|deln
der **Troll**, die Trolle
die **Trom|mel**, die Trommeln

> Wörter mit *Trommel*: das *Trommel*fell, der *Trommel*wirbel, der *Trommler*, die *Trommlerin* …

trom|meln, ich trommle, auch: ich trommele

Aa Bb Cc Dd Ee Ff Gg Hh Ii Jj Kk Ll Mm Nn Oo Pp Qq Rr Ss Tt Uu Vv Ww Xx Yy Zz

die **Trom|pe|te**, die Trompeten
tröpf|chen|wei|se
trop|fen
der **Trop|fen**, die Tropfen

die **Tropf|stein|höh|le**, die Tropfsteinhöhlen
tro|pisch
trös|ten
tröst|lich
die **Trö|te**, die Tröten
der **Trot|tel**, die Trottel
trot|ten
trotz
trotz|dem
trot|zig
trüb, auch: trübe
trüb|se|lig
du **trugst** → tragen
die **Tru|he**, die Truhen
der **Trüm|mer|hau|fen**, die Trümmerhaufen
der **Trumpf**, die Trümpfe
die **Trup|pe**, die Truppen
Tschüss! auch: Tschüs!
das **T-Shirt**, die T-Shirts
die **Tu|ba**, die Tuben
die **Tu|be**, die Tuben
das **Tuch**, die Tücher

tüch|tig
tu|ckern
tü|ckisch
tüf|teln
die **Tul|pe**, die Tulpen
der **Tu|mult**, die Tumulte
tun

> Gegenwart: *ich tue, du tust, er/sie/es tut, wir tun, ihr tut, sie tun.*
> 1. Vergangenheit: *ich tat, du tatest, er/sie/es tat, wir taten, ihr tatet, sie taten.*
> 2. Vergangenheit: *ich habe getan, du hast getan …*

der **Tun|nel**, die Tunnel, auch: die Tunnels
das **Tüp|fel|chen**, die Tüpfelchen
die **Tür**, die Türen

die **Tür|kei**
tür|kisch
der **Turm**, die Türme
tur|nen
das **Tur|nier**, die Turniere
der **Turn|ver|ein**, die Turnvereine
die **Tu|sche**, die Tuschen
tu|scheln
du **tust** → tun
die **Tü|te**, die Tüten
ty|pisch

die U-Bahn, die U-Bahnen
übel
die Übel|keit
üben
über
über|all
der Über|blick
über|fal|len
über|flüs|sig
über|for|dern
über|füllt
(sich) über|ge|ben, er übergibt (sich) → geben
über|häu|fen
über|haupt
über|heb|lich
über|ho|len
über|hö|ren
über|le|ben
über|le|gen
über|mor|gen
über|mü|tig
über|que|ren
über|ra|schen
die Über|ra|schung, die Überraschungen
üb|rig
üb|ri|gens
die Übung, die Übungen
das Ufer, die Ufer
die Uhr, die Uhren
der Uhu, die Uhus

ul|kig
um
um|ar|men
um|blät|tern, sie blättert um
um|fal|len, er fällt um → fallen
um|her
der Um|schlag, die Umschläge
um|sich|tig
um|so
um|sonst
der Um|weg, die Umwege
um|welt|schäd|lich

Aa Bb Cc Dd Ee Ff Gg Hh Ii Jj Kk Ll Mm Nn Oo Pp Qq Rr Ss Tt Uu Vv Ww Xx Yy Zz

der **Um|welt|schutz**
die **Um|welt|ver|schmut|zung**
um|wer|fen, er wirft um → werfen
um|zie|hen, er zog um, er ist umgezogen
der **Um|zug**, die Umzüge
un|ab|hän|gig
un|aus|steh|lich
un|be|dingt
un|be|quem
un|be|weg|lich
und
un|end|lich
un|ent|schie|den
un|er|müd|lich
un|er|träg|lich
un|fä|hig
un|fair
der **Un|fall**, die Unfälle
un|fass|bar
die **Un|ge|duld**
un|ge|fähr
das **Un|ge|heu|er**, die Ungeheuer
un|ge|ra|de
un|ge|recht
un|gern
un|ge|schickt
un|ge|sund
un|ge|wöhn|lich
das **Un|ge|zie|fer**
un|ge|zo|gen
un|glaub|lich
das **Un|glück**, die Unglücke
un|glück|lich
un|gül|tig
das **Un|heil**
un|heil|bar
un|heim|lich
die **Uni|form**, die Uniformen
un|klar
das **Un|kraut**
un|mög|lich

uns
un|schul|dig
un|ser, unsere, unseres
der **Un|sinn**
un|ten
un|ter
der **Un|ter|richt**
un|ter|rich|ten
un|ter|schei|den, er unterschied, er hat unterschieden
der **Un|ter|schied**, die Unterschiede
un|ter|schied|lich
un|ver|schämt
un|zäh|lig
die **Ur|groß|el|tern**
der **Ur|laub**
der **Ur|wald**, die Urwälder
die **USA**

> *USA* ist eine Abkürzung für *United States of America*, auf Deutsch: *Vereinigte Staaten von Amerika.*

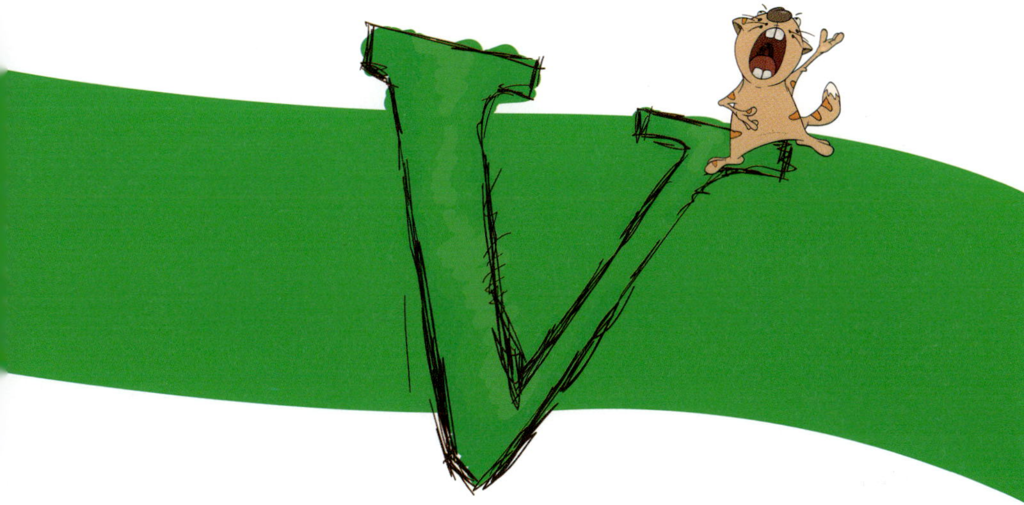

der Vam|pir, die Vampire
die Va|nil|le
das Va|nil|le|eis
die Va|se, die Vasen
der Va|ter, die Väter
vä|ter|lich
der Ve|ge|ta|ri|er, die Vegetarier
das Veil|chen, die Veilchen
veil|chen|blau
die Ve|ne, die Venen
das Ven|til, die Ventile
sich ver|ab|re|den, er verabredet sich
sich ver|ab|schie|den, sie verabschiedet sich
ver|ach|ten
die Ve|ran|da, die Veranden
ver|än|dern
ver|an|stal|ten
ver|ant|wort|lich
die Ver|ant|wor|tung, die Verantwortungen
ver|är|gern

das Verb, die Verben
der Ver|band, die Verbände
ver|ber|gen, er verbirgt, er verbarg, er hat verborgen
ver|bes|sern
ver|beu|gen
die Ver|beu|gung, die Verbeugungen
ver|bie|ten, er verbot, er hat verboten
ver|blüf|fen
ver|blüf|fend
er ver|bot → verbieten
das Ver|bot, die Verbote
ver|bo|te|ner|wei|se
ver|brau|chen
der Ver|bre|cher, die Verbrecher
ver|bre|che|risch
ver|brei|ten
ver|bren|nen → brennen

Aa Bb Cc Dd Ee Ff Gg Hh Ii Jj Kk Ll Mm Nn Oo Pp Qq Rr Ss Tt Uu Vv Ww Xx Yy Zz

die Ver|bren|nung, die Verbrennungen
ver|brü|dern
der Ver|dacht, die Verdachte
ver|däch|tig
ver|däch|ti|gen
ver|dat|tert
ver|dau|en
ver|de|cken
ver|der|ben, sie verdirbt, sie verdarb, sie hat verdorben, es ist verdorben
ver|die|nen
ver|dien|ter|wei|se
ver|don|nern
ver|dop|peln
ver|dun|keln
ver|duns|ten
ver|dutzt
ver|eh|ren
der Ver|ein, die Vereine
ver|ei|nen
ver|flixt
ver|fol|gen

die Ver|fol|gungs|jagd, die Verfolgungsjagden
ver|fres|sen
sie ver|gab → vergeben

die Ver|gan|gen|heit, die Vergangenheiten
sie ver|gaß → vergessen
ver|ge|ben, sie vergibt, sie vergab, sie hat vergeben
ver|geb|lich
ver|ges|sen, sie vergisst, sie vergaß, sie hat vergessen
die Ver|gess|lich|keit
ver|gif|ten
das Ver|giss|mein|nicht
ver|glei|chen, sie verglich, sie hat verglichen
das Ver|gnü|gen
ver|gnügt
ver|göt|tern
ver|grau|len
ver|haf|ten
sich ver|hal|ten
das Ver|hal|ten
ver|han|deln
ver|häng|nis|voll
ver|hau|en
ver|hei|ra|tet
ver|hext
ver|hin|dern
das Ver|hör, die Verhöre
ver|kau|fen
der Ver|käu|fer, die Verkäufer
der Ver|kehr
ver|kehrs|si|cher
ver|kehrt

verkleiden
die Verkleidung, die Verkleidungen

verlangen
verlassen
sich verlaufen, sie verläuft sich → laufen
die Verlegenheit
verleihen, sie verlieh, sie hat verliehen
verletzen
die Verletzung, die Verletzungen
verliebt
verlieren, er verlor, er hat verloren
sich verloben, sie verlobt sich
der Verlust, die Verluste
vermissen
vernünftig
verpacken
die Verpackung, die Verpackungen
verpassen
verpetzen
der Verrat
verraten, ich verriet, ich habe verraten
der Verräter, die Verräter
verrechnen
verreisen
ich verriet → verraten
verrosten
verrückt
der Vers, die Verse
der Versager, die Versager
die Versammlung, die Versammlungen
versäumen
verschieden
verschlafen
verschließen
verschmutzen
die Verschmutzung, die Verschmutzungen
verschnupft
verschrotten
verschrumpelt
die Verschwendung, die Verschwendungen
verschwinden, er verschwand, er ist verschwunden
sich versöhnen, sie versöhnen sich
sich verspäten, er verspätet sich
verspätet
verspielt

Aa Bb Cc Dd Ee Ff Gg Hh Ii Jj Kk Ll Mm Nn Oo Pp Qq Rr Ss Tt Uu Vv Ww Xx Yy Zz

das **Ver|spre|chen**, die Versprechen
ver|ständ|lich
das **Ver|steck**, die Verstecke
sich **ver|ste|cken**

ver|ste|hen, sie verstand, sie hat verstanden
ver|su|chen
ver|tei|len
sich **ver|tra|gen**, du verträgst dich → tragen
das **Ver|trau|en**
ver|waist
die **Ver|wal|tung**, die Verwaltungen
ver|wan|deln
ver|wandt
der **Ver|wand|te**, die Verwandten
die **Ver|wandt|schaft**, die Verwandtschaften
die **Ver|wechs|lung**, die Verwechslungen
ver|wen|den
ver|wir|ren
ver|wöh|nen
ver|wun|schen
ver|wün|schen
ver|zau|bert
ver|zei|hen, sie verzieh, sie hat verziehen
ver|zich|ten
ver|zwei|felt
die **Ver|zweif|lung**
ver|zwickt
die **Ves|per**
der **Vet|ter**, die Vettern
das **Vi|deo**, die Videos
das **Vieh**
viel, mehr, am meisten
viel|fach
viel|leicht
vier
vier|zig

die **Vil|la**, die Villen
vi|o|lett
die **Vi|o|li|ne**, die Violinen
das **Vi|ta|min**, die Vitamine
der **Vo|gel**, die Vögel

> Hier findest du noch ein paar zusammengesetzte Begriffe mit dem Wort *Vogel*: die *Vogel*beere, das *Vogel*haus, der *Vogel*käfig, der *Vogel*schwarm, das *Vogel*gezwitscher, der Spaß*vogel* ...

das **Volk**, die Völker
voll
voll|ge|stopft
völ|lig

vol|kom|men
der Voll|mond
voll|stän|dig
vom
von
vor
vo|ran, vor|an
vo|raus, vor|aus
im Vo|raus, im Vor|aus
vor|bei
vor|bei|kom|men, er kommt vorbei → kommen
vor|be|rei|ten, sie bereitet vor
vor|beu|gen
das Vor|bild, die Vorbilder
vor|bild|lich
vor|ei|lig
die Vor|fahrt
die Vor|freu|de
vor|füh|ren
die Vor|füh|rung, die Vorführungen
vor|ge|hen → gehen
vor|ges|tern
der Vor|hang, die Vorhänge
vor|her
vor|hin
vor|läu|fig
vor|laut
vor|le|sen, sie liest vor, sie las vor, sie hat vorgelesen
der Vor|le|se|wett|be|werb, die Vorlesewettbewerbe

der Vor|mit|tag, die Vormittage
vor|mit|tags
vorn
der Vor|na|me, die Vornamen
vor|nehm
der Vor|rat, die Vorräte
der Vor|rats|schrank, die Vorratsschränke

vor|sätz|lich
der Vor|schlag, die Vorschläge
vor|schla|gen, du schlägst vor, du schlugst vor, du hast vorgeschlagen
die Vor|sicht
vor|sich|tig
der Vor|sprung, die Vorsprünge
vor|stell|bar
vor|über
vor|wärts
der Vor|wurf, die Vorwürfe
vor|zei|tig
der Vul|kan, die Vulkane

die **Waa|ge**, die Waagen
waa|ge|recht, auch: waagrecht
die **Wa|be**, die Waben
wach
der **Wach|hund**, die Wachhunde
wach|sen, er wuchs, er ist gewachsen
wa|cke|lig, auch: wacklig
wa|ckeln
die **Wa|de**, die Waden
die **Waf|fe**, die Waffen
die **Waf|fel**, die Waffeln

wa|ge|mu|tig
wa|gen
der **Wa|gen**, die Wagen
der **Wag|gon**, auch: Wagon, die Waggons
die **Wahl**, die Wahlen
wäh|len
wahr
wäh|rend
die **Wahr|heit**, die Wahrheiten
wahr|sa|gen
wahr|schein|lich
die **Wai|se**, die Waisen
der **Wal**, die Wale
der **Wald**, die Wälder
die **Wal|nuss**, die Walnüsse
das **Wal|ross**, die Walrosse
wäl|zen
die **Wand**, die Wände
wan|dern
die **Wan|ge**, die Wangen
wann
die **Wan|ne**, die Wannen
die **Wan|ze**, die Wanzen
sie **war** → sein
es **wä|re** → sein
sie **warf** → werfen

warm, wärmer, am wärmsten
die **Wär|me**
(sich) **wär|men**
warm|her|zig
war|nen
war|ten
das **War|te|zim|mer**, die Wartezimmer
wa|rum
die **War|ze**, die Warzen
was
die **Wä|sche**
wa|schen, du wäschst, du wuschst, du hast gewaschen
das **Wasch|pul|ver**, die Waschpulver
was
das **Was|ser**
was|ser|dicht
wäs|sern
wäss|rig, auch: wässerig
wat|scheln
die **Wat|te**, die Watten
der **Wat|te|bausch**, die Wattebäusche
wat|tig
das **WC**, die WCs

WC ist eine Abkürzung für den englischen Begriff *water closet*, auf Deutsch: *Wasserklosett*.

we|ben
der **Web|stuhl**, die Webstühle
wech|sel|haft

wech|seln
we|cken
der **We|cker**, die Wecker
we|der (... noch)
we|deln
weg
der **Weg**, die Wege
we|gen
weg|neh|men, er nahm weg, er hat weggenommen
der **Weg|wei|ser**, die Wegweiser
weg|wer|fen, du warfst weg, du hast weggeworfen
we|hen
weh|lei|dig
sich **weh|ren**, er wehrt sich
wehr|los
weh|tun, es tut weh
→ tun
das **Weib**, die Weiber
weib|lich
weich
die **Wei|de**, die Weiden
wei|den
das **Wei|den|kätz|chen**, die Weidenkätzchen
sich **wei|gern**, sie weigert sich

Aa Bb Cc Dd Ee Ff Gg Hh Ii Jj Kk Ll Mm Nn Oo Pp Qq Rr Ss Tt Uu Vv Ww Xx Yy Zz

die **Wei|ge|rung**, die Weigerungen
der **Wei|her**, die Weiher
das **Weih|nach|ten**, die Weihnachten

der **Weih|nachts|baum**, die Weihnachtsbäume
der **Weih|nachts|mann**, die Weihnachtsmänner
weil
eine **Wei|le**
der **Wein**, die Weine
wei|nen
wei|ner|lich
wei|se
die **Weis|heit**, die Weisheiten
weiß
ich **weiß** → wissen
weit
wei|ter
wei|ter|ge|hen, sie gingen weiter, sie sind weitergegangen

der **Wei|zen**
wel|cher, welche, welches
wel|ken
die **Wel|le**, die Wellen
der **Wel|len|sit|tich**, die Wellensittiche
wel|lig
der **Wel|pe**, die Welpen

die **Welt**, die Welten
das **Welt|all**
der **Welt|raum|for|scher**, die Weltraumforscher
welt|weit
wem
wen
wen|den
sich **wen|den** (an jemanden), er wendete sich an ..., auch: er wandte sich an ...
we|nig
we|nigs|tens
wenn
wer
wer|ben
die **Wer|bung**, die Werbungen
wer|den, er wird, er wurde, er ist geworden
wer|fen, sie wirft, sie warf, sie hat geworfen
das **Werk**, die Werke
die **Werk|statt**, die Werkstätten

der **Werk|tag**, die Werktage

werk|tags

das **Werk|zeug**, die Werkzeuge

der **Werk|zeug|kas|ten**, die Werkzeugkästen

wert (sein)

der **Wert**, die Werte

wert|los

wert|voll

das **We|sen**, die Wesen

we|sent|lich

wes|halb

wes|sen

der **Wes|ten**

Wie du sicher weißt, gibt es insgesamt vier Himmelsrichtungen: *der Westen (W), der Norden (N), der Osten (O)* und *der Süden (S).* Manchmal kommt der Wind aber nicht genau aus Westen, sondern gleichzeitig ein bisschen aus dem Norden; dann sagt man, er kommt aus *Nordwest (NW).* Es gibt auch *Südost (SO)* und *Südwest (SW).*

west|lich

der **Wes|tern**, die Western

wes|we|gen

der **Wett|be|werb**, die Wettbewerbe

die **Wet|te**, die Wetten

das **Wet|ter**

der **Wett|kampf**, die Wettkämpfe

wich|tig

der **Wich|tig|tu|er**, die Wichtigtuer

wi|ckeln

der **Wid|der**, die Widder

wi|der (gegen)

wi|der|bors|tig

wi|der|lich

die **Wi|der|re|de**, die Widerreden

wi|der|spens|tig

wi|der|spre|chen, du widersprichst → sprechen

der **Wi|der|stand**, die Widerstände

wi|der|stands|los

wi|der|wär|tig

wi|der|wil|lig

wie

wie|der

wie|der|ge|ben, du gabst wieder, du hast wiedergegeben

wie|der|ho|len

wie|der|keh|ren, du kehrtest wieder, du bist wiedergekehrt

das **Wie|der|se|hen**, die Wiedersehen
wie|gen, sie wog, sie hat gewogen
wie|hern
die **Wie|se**, die Wiesen
das **Wie|sel**, die Wiesel
wie|so
wie viel, wie viele
wild
die **Wild|nis**
will|kom|men
du **willst** → wollen
die **Wim|per**, die Wimpern
der **Wind**, die Winde
die **Win|del**, die Windeln
win|dig
die **Wind|müh|le**, die Windmühlen
die **Wind|rich|tung**, die Windrichtungen
wind|still
win|ken
win|seln
der **Win|ter**, die Winter
win|ter|lich
win|zig
die **Wip|pe**, die Wippen

wir
er **wird** → werden
sie **wirft** → werfen
wirk|lich
die **Wirk|lich|keit**, die Wirklichkeiten

wirr
der **Wirr|warr**
der **Wirt**, die Wirte
wi|schen
wiss|be|gie|rig
wis|sen, ich weiß, ich wusste, ich habe gewusst
die **Wis|sen|schaft**, die Wissenschaften
wis|sens|wert
wit|tern
die **Wit|we**, die Witwen
der **Witz**, die Witze
wit|zig
wo
die **Wo|che**, die Wochen
wo|chen|lang
der **Wo|chen|tag**, die Wochentage
wö|chent|lich
sie **wog** → wiegen
wohl

> Bei den Zusammensetzungen mit *wohl* musst du auf die Schreibung achten: Hier muss man sich einfach *wohl fühlen*. Das heiße Bad wird ihnen *wohl tun*. Peter ist ein *wohl erzogener* Junge. *Zum Wohl*!

wohl|lig
wohl|tä|tig

woh|nen
das **Wohn|haus**, die Wohnhäuser
die **Woh|nung**, die Wohnungen
woh|nungs|los
der **Wolf**, die Wölfe
die **Wol|ke**, die Wolken
wol|ken|los
wol|kig
wol|len

> Gegenwart: *ich will, du willst, er/sie/es will, wir wollen, ihr wollt, sie wollen.*
> 1. Vergangenheit: *ich wollte, du wolltest, er/sie/es wollte, wir wollten, ihr wolltet, sie wollten.*
> 2. Vergangenheit: *ich habe gewollt, du hast gewollt …*

das **Wort**, die Wörter (einzelne Begriffe), auch: die Worte (zusammenhängende Wörter, Sätze)
das **Wör|ter|buch**, die Wörterbücher
die **Wort|fa|mi|lie**, die Wortfamilien
das **Wort|feld**, die Wortfelder
wort|los
wo|zu
er **wuchs** → wachsen
die **Wucht**
wüh|len
die **Wun|de**, die Wunden
das **Wun|der**, die Wunder
wun|der|bar
die **Wun|der|ker|ze**, die Wunderkerzen
sich **wun|dern**, er wunderte sich
wun|der|schön
der **Wunsch**, die Wünsche
wün|schen
wür|dig
der **Wurf**, die Würfe
der **Wür|fel**, die Würfel

wür|feln
das **Wür|fel|spiel**, die Würfelspiele
der **Wür|fel|zu|cker**
wür|gen
der **Wurm**, die Würmer
die **Wurst**, die Würste
das **Würst|chen**, die Würstchen
die **Wur|zel**, die Wurzeln
wür|zen
wu|schel|ig
der **Wu|schel|kopf**, die Wuschelköpfe
du **wuschst** → waschen
ich **wusste** → wissen
die **Wüs|te**, die Wüsten
die **Wut**
wü|tend
wut|ent|brannt

die **X-Beine**
x-bei|nig, auch: X-beinig
x-fach
x-mal
das **Xy|lo|fon**, auch: das Xylophon, die Xylofone

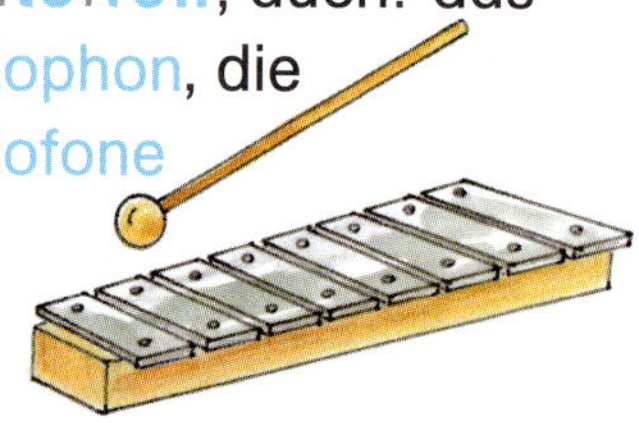

die **Yacht**, auch: die Jacht, die Yachten
der **Ye|ti**, die Yetis
das **Yo|ga**, auch: das Joga
das **Yo-Yo**, auch: das Jo-Jo, die Yo-Yos
das **Yp|si|lon**
za|ckig
zag|haft
zäh
die **Zahl**, die Zahlen
zah|len
zäh|len
zahl|reich

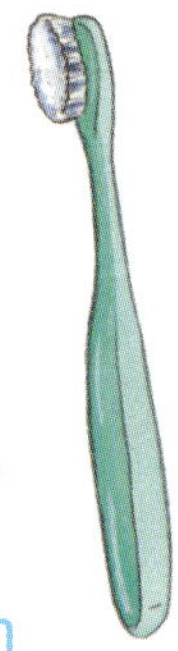

zahm
zäh|men
der **Zahn**, die Zähne
die **Zahn|bürs|te**, die Zahnbürsten
das **Zäh|ne|klap|pern**
das **Zahn|weh**
die **Zan|ge**, die Zangen
sich **zan|ken**, sie zanken sich
der **Zap|fen**, die Zapfen
zap|pe|lig, auch: zapplig
zap|peln
zap|pen|dus|ter
zart
zärt|lich
die **Zau|be|rei**, die Zaubereien

> der *Zauber*er, die *Zauber*kraft, der *Zauber*lehrling, der *Zauber*stab, der *Zauber*spruch, das *Zauber*wort, *zauber*haft, *zauber*n …

das **Zaum|zeug**
der **Zaun**, die Zäune
das **Ze|bra**, **Zeb|ra**, die Zebras
die **Ze|cke**, die Zecken
der **Zeh**, auch: die Zehe, die Zehen

zehn
zehn|mal
das **Zehn|me|ter|brett**, die Zehnmeterbretter
das **Zei|chen**, die Zeichen
die **Zei|chen|set|zung**
die **Zei|chen|spra|che**, die Zeichensprachen
der **Zei|chen|trick|film**, die Zeichentrickfilme
zeich|nen
die **Zeich|nung**, die Zeichnungen
der **Zei|ge|fin|ger**, die Zeigefinger
zei|gen
die **Zei|le**, die Zeilen
die **Zeit**, die Zeiten
zei|tig
zeit|los
die **Zeit|lu|pe**, die Zeitlupen
die **Zei|tung**, die Zeitungen
die **Zeit|schrift**, die Zeitschriften
zeit|wei|se
das **Zeit|wort**, die Zeitwörter

die **Zel|le**, die Zellen
das **Zelt**, die Zelte

zel|ten
das **Zelt|la|ger**, die Zeltlager
der **Ze|ment**
die **Zen|sur**, die Zensuren
der **Zen|ti|me|ter**, die Zentimeter, kurz: cm
der **Zent|ner**, die Zentner, kurz: Ztr.
zen|tral
das **Zent|rum**, **Zen|trum**, die Zentren
der **Zep|pe|lin**, die Zeppeline
zer|brech|lich
zer|brö|ckeln
zer|fetzt
zer|furcht
zer|klei|nern
zer|klüf|tet
zer|knirscht
zer|knit|tern
zer|knüllt
zer|quet|schen
zer|rei|ßen, er zerriss, er hat zerrissen

Aa Bb Cc Dd Ee Ff Gg Hh Ii Jj Kk Ll Mm Nn Oo Pp Qq Rr Ss Tt Uu Vv Ww Xx Yy Zz

Aa Bb Cc Dd Ee Ff Gg Hh Ii Jj Kk Ll Mm Nn Oo Pp Qq Rr Ss Tt Uu Vv Ww Xx Yy Zz

zer|ren
zer|split|tern
zer|stö|ren
zer|zaust
der Zet|tel, die Zettel
das Zeug
der Zeu|ge, die Zeugen
das Zeug|nis, die Zeugnisse
die Zeu|gung
die Zi|cke, die Zicken
zi|ckig
im Zick|zack
die Zie|ge, die Ziegen
der Zie|gel, die Ziegel
zie|hen, er zog, er hat/ist gezogen

das Ziel, die Ziele
zie|len
ziel|los
ziel|si|cher
ziel|stre|big
ziem|lich
sich zie|ren, er ziert sich
zier|lich
die Zif|fer, die Ziffern
die Zi|ga|ret|te, die Zigaretten
die Zi|gar|re, die Zigarren
das Zim|mer, die Zimmer
zim|per|lich
der Zimt
der Zip|fel, die Zipfel
der Zir|kel, die Zirkel
der Zir|kus
der Zir|kus|di|rek|tor, die Zirkusdirektoren
das Zir|kus|zelt, die Zirkuszelte
zir|pen

> *Zirpen* ist ein Geräusch, das verschiedene Insekten erzeugen können, indem sie zwei Körperteile aneinanderreiben. Besonders bekannt ist es bei Grillen.

zi|scheln
zi|schen
die Zi|tro|ne, Zit|ro|ne, die Zitronen
zi|tro|nen|gelb, zit|ro|nen|gelb
die Zi|trus|frucht, Zit|rus|frucht, die Zitrusfrüchte
zit|tern
zitt|rig, auch: zitterig
die Zit|ze, die Zitzen
er zog → ziehen
zö|gern
zö|gernd
der Zoll, die Zölle

die Zo|ne, die Zonen
der Zoo, die Zoos

Weitere Wörter mit Doppel-*o* sind:
das Moor, das Moos, das Boot …

die Zoo|hand|lung, die Zoohandlungen
der Zopf, die Zöpfe
zor|nig
zu
die Zuc|chi|ni, die Zucchini
die Zucht, die Zuchten
züch|ten
zu|ckeln
zu|cken
der Zu|cker
zu|ckern
zu|de|cken
zu|erst
der Zu|fall, die Zufälle
zu|fäl|lig
zu|frie|den
der Zug, die Züge

die Zu|ga|be, die Zugaben
die Zug|brü|cke, die Zugbrücken
zu|ge|ben, sie gibt zu → geben
der Zü|gel, die Zügel
zu|gig
zü|gig
zu|gleich
zu|gu|cken, sie guckt zu
der Zug|vo|gel, die Zugvögel
das Zu|hau|se
zu Hau|se, auch: zuhause
zu|hei|len, es heilt zu
zu|hö|ren, sie hört zu
zu|knöp|fen
die Zu|kunft
zu|künf|tig
zu|läs|sig
zu|letzt
zum
zu|ma|chen, er macht zu
zum Bei|spiel
zu|min|dest
zu|mu|te, auch: zu Mute
zu|nächst
die Zu|nah|me, die Zunahmen
zün|deln
zün|den

Aa Bb Cc Dd Ee Ff Gg Hh Ii Jj Kk Ll Mm Nn Oo Pp Qq Rr Ss Tt Uu Vv Ww Xx Yy Zz

das **Zünd|holz**, die Zündhölzer
die **Zun|ge**, die Zungen

zup|fen
zur
zu|rück
zu|rück|ge|ben, er gibt zurück → geben
zu|sam|men
zu|schau|en, du schaust zu
der **Zu|schau|er**, die Zuschauer
zu|trau|en
das **Zu|trau|en**
der **Zu|tritt**
zu|ver|läs|sig
zu viel
zu|vor
zu|vor|kom|mend
zu|wi|der
sie **zwang** → zwingen
der **Zwang**, die Zwänge
zwan|zig
zwar

der **Zweck**, die Zwecke
zweck|los
zwech|mä|ßig
zwei
zwei|er|lei
der **Zweig**, die Zweige

der **Zwerg**, die Zwerge
die **Zwetsch|ge**, die Zwetschgen
zwi|cken
die **Zwick|müh|le**
der **Zwie|back**, die Zwiebäcke
die **Zwie|bel**, die Zwiebeln
der **Zwil|ling**, die Zwillinge
zwin|gen, sie zwingt, sie zwang, sie hat gezwungen
zwin|kern
zwi|schen
zwi|schen|durch
der **Zwi|schen|fall**, die Zwischenfälle
zwit|schern
zwölf
der **Zy|lin|der**, die Zylinder

1 Lerne dieses ABC-Gedicht auswendig. Sage es dann einer Freundin oder einem Freund auf. Versuche es anschließend aus dem Kopf aufzuschreiben.

A B C D E ich freu mich auf den Schnee.

F G H I J dann rodle ich ganz flott.

K L M N O denn das lieb ich so.

P Q R S T und fall ich, tut's nicht weh.

U V W X Y Z jetzt kann ich auch das Alphabet.

2 Finde jeweils die Nachbarbuchstaben, ohne jedes Mal das ganze Alphabet aufzusagen!

__ G __, __ Y __, R __ __, __ __ K

__ Q __, __ __ M, __ B __

J __ __, __ U __, __ T __, __ __ D

__ N __, H __ __

C __ __, __ X __

3 Suche zu jedem der folgenden Buchstaben das erste Wort in deinem Wörterbuch, schreibe es auf und gib die Seite an, auf der du es gefunden hast.

B: ____________________ N: ____________________

F: ____________________ P: ____________________

H: ____________________ S: ____________________

J: ____________________ V: ____________________

L: ____________________ Z: ____________________

4 Vorn? In der Mitte? Hinten?

ABCDEFGHI	JKLMNOPQR	STUVWXYZ
vorn	in der Mitte	hinten

Sprich die Wörter auf der nächsten Seite und kreuze jeweils an, ob sie im vorderen, im mittleren oder im hinteren Teil des Wörterverzeichnisses stehen müssen. Schlage dann in deinem Wörterbuch nach und suche die angegebenen Wörter.

Gabel	V M H	**Uhr**	V M H
Vogel	V M H	**Brille**	V M H
Ampel	V M H	**Nest**	V M H
Clown	V M H	**Ferkel**	V M H
Küken	V M H	**Lupe**	V M H

5 Versuche dich als Wörterdetektiv!
Auf welcher Seite stehen die folgenden Wörter in deinem Wörterbuch? Schreibe außerdem auf, wie das vorhergehende (V) und wie das nachfolgende (N) Wort heißt.

Interview: S. 52; **V:** das Internet, **N:** interviewen

Würfel: ______

August: ______

Tisch: ______

Dackel: ______

Schnee: ______

reparieren:

Herbst:

kaufen:

Cowboy:

Erde:

6 Ordne die Namen deiner Klassenkameraden alphabetisch.
Schreibe sie hier auf.

7 Bei der nächsten Übung ist deine Fantasie gefragt. Schreibe ein ABC gegen die Langeweile auf! Überprüfe mit dem Wörterbuch, ob du die Begriffe richtig geschrieben hast.

A: Abenteuer, **B:** basteln, ______

______

______

______

______

______

8 In welcher Reihenfolge müssten diese Wörter in einem Wörterverzeichnis aufgelistet sein? Schreibe Sie in dieser Reihenfolge auf die Zeilen und überprüfe anschließend mithilfe deines Wörterbuchs.

Jäger, Jacke, Joghurt,

Judo, Jeep, Job, Japan,

Journalist, Jubiläum

______

______

______

______

Drache, Dach, Donner,

Dezember, Dreck, Dorf,

Decke, Daumen, Durst

Bein, Benzin, Blüte

Banane, Bett, Bank,

Blume, Bremse, Bluse

9 Wortnetz

Suche nach Wörtern, die du mit dem Namenwort *Sommer* verbindest. Du kannst auch zu diesen gefundenen Wörtern (*Strand*) weitere Begriffe suchen, dann erhältst du ein richtiges Netz.

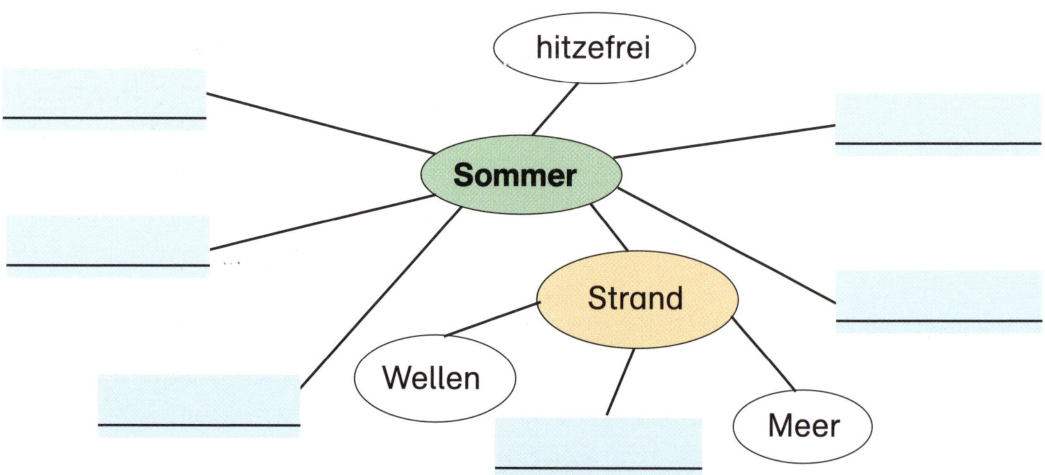

10 Zahlenzauber!

Welche Wörter sind hier versteckt, wenn du dir das ganze Alphabet durchnummeriert vorstellst? Auf welcher Seite stehen sie im Verzeichnis?

A B C D E F G H I J K L M N O P Q R S T U V W X Y Z
1 2 3 4 5 6 und so weiter ...

2 1 14 1 14 5

7 1 18 20 5 14

20 5 4 4 25

16 6 5 18 4

11 1 20 26 5

16 1 12 1 19 20

19 20 5 18 14

1 16 6 5 12

4 5 12 6 9 14

26 5 2 18 1

Verzaubere nun selber Wörter aus dem Wörterbuch und lasse deinen Freund oder deine Freundin knobeln!

11 L a n g e und kurze Wörter!
Findest du zu den folgenden Buchstaben in deinem Wörterbuch das längste und das kürzeste Wort? Sollte es mehrere geben, dann suche dir eines aus. Schreibe beide mit Seitenzahl auf.

	längstes Wort	**S.**	**kürzestes Wort**	**S.**
C				
G				
X				
Q				
V				
Y				

12 Wörter trennen!
Trenne die folgenden Wörter und schaue dann im Wörterbuch nach, ob du es richtig gemacht hast.

einschlafen ein – schla – fen

schneiden ______

reparieren ______

probieren ______

Internet ______

langweilig ______

Oktober

Radfahrer

spazieren gehen

Diese Wörter kannst du sogar auf zwei verschiedene Arten trennen. Findest du beide Möglichkeiten? Überprüfe!

miteinander

interessant

Februar

beobachten

13 Manche Wörter haben mehrere Bedeutungen! Schreibe diese jeweils auf; manche von ihnen sind in deinem Wörterbuch erklärt.

Wort	Bedeutung
Bank	Parkbank – Geldinstitut
Schloss	
Schimmel	
Veilchen	
Strauß	
Kohle	

Bilde nun Sätze mit den verschiedenen Bedeutungen der Wörter.

14 *Fieberthermometer* steht ja gar nicht drin!
Du hast Recht, manche Wörter stehen nicht in deinem Grundschulwörterbuch. *Fieberthermometer* ist ein zusammengesetztes Namenwort. Du musst es daher in das Grundwort *Thermometer* und das Bestimmungswort *Fieber* zerlegen und beide Wörter getrennt nachschlagen!

Die Namenwörter auf der nächsten Seite sind nicht richtig lesbar. Schlage den Teil mit der Lücke nach und schreibe die Wörter dann richtig daneben. Einmal musst du nach drei Wörtern suchen.

Achtung: Manchmal gibt es zwei Schreibweisen!

Früchtejo____urt

Tomatenke____up

Nachtge____enst

Ger____schkulisse

Zirkus____lown

Kreuzworträ____el

Kaff____tasse

Fotoa____rat

Deutschunte____icht

15 Wo findest du eigentlich das Wort *gelesen*?
Nicht unter dem Buchstaben G! Hier musst du erst die Grundform herausfinden und dann dort nachschauen, z. B. *gelesen* unter *lesen*. Suche die Grundform der folgenden Wörter und schreibe die Seitenzahl dahinter. Manchmal ist es etwas knifflig, weil die Grundform anders aussieht. Findest du sie trotzdem?

gefroren	frieren	Seite 39
geschwommen		
gerannt		

gegessen		
gesessen		
gesprungen		
gewusst		
geschnitten		
gelaufen		
gesagt		
getrunken		
geschlafen		
gebastelt		
geschrien		

16 Das sollte jeder Geschichtenschreiber wissen!
Wenn du eine Geschichte schreibst, brauchst du eine spezielle Vergangenheitsform, das **Präteritum** (= **1. Vergangenheit**).

Die regelmäßige Form ist einfach zu bilden und deshalb in deinem Wörterbuch nicht extra aufgeführt.
Zum Beispiel: spielen – er spiel**te**
kämmen – sie kämm**te**

Bilde zu folgenden Verben das **Präteritum**. Es handelt sich um regelmäßige Formen.

wandern

basteln

jucken

jagen

putzen

bauen

klatschen

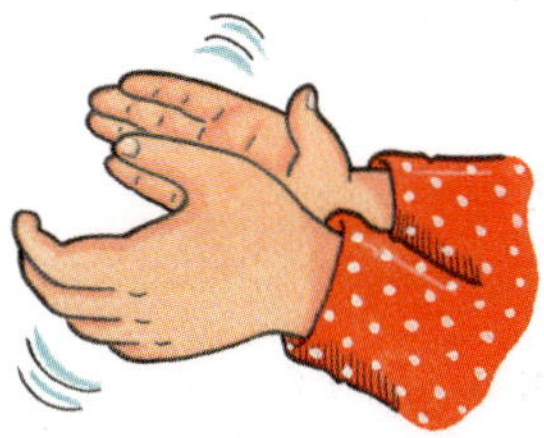

malen

lernen

17 Es gibt aber auch **unregelmäßige Formen** in der Vergangenheit. Diese sind neben der Grundform des Verbs zusätzlich im Wörterverzeichnis aufgeführt. Oft haben sie sogar einen eigenen Eintrag.
Wie heißt das **Präteritum** zu folgenden Verben? Schreibe dazu, auf welcher Seite du die Grundform gefunden hast!

schreien schrie Seite 93

laufen

springen

lesen

werfen

essen

schwimmen

trinken

gießen

brennen

stehen

singen

streiten

sitzen

18 Den Fehlern auf der Spur!

In die Geschichte auf der nächsten Seite haben sich 24 Fehler eingeschlichen! Findest du sie? Verbessere den Text und überprüfe dann mithilfe des Wörterbuchs.

Ein wildes Ketzchen
An einem kalten wintermorgen sas ich mit meinem Ketzchen in meinem Zimer. Ich hatte es erst vor gut drei Wochen bekomen. Bis auf einen weisen Fleg am Halz war Tommi gans schwarz. Die kleine Katze hatte nur Unsinn im Kopf. Neulich erst hatte sie die Stelampe im Wohnzimer umgestosen. Und auf meinen Hamsta hatte sie es auch abgesehen. Sie sas oft for seinem Kefig und streckte ihre Foten durch die Gittastebe. Da nam ich eine Schnur und zog sie wek. Wie wilt rante Tommi hinta der Schnur her.

19 Sieh dir die folgenden Wörter an! Wie wird der Endlaut geschrieben? Wenn du dir nicht sicher bist, verlängere das Wort, indem du den Plural (Nomen) oder die Grundform (Verb) bildest. Beide Formen kannst du auch in deinem Wörterbuch nachsehen!

Er fand	Grundform: finden	
Ber__ (g/k)	Plural:	______
lie__ (b/p)	Grundform:	______
Köni__ (g/k)	Plural:	______
Hel__ (d/t)	Plural:	______
Verbo__ (d/t)	Plural:	______
sie lo__ (g/k)	Grundform:	______
Lie__ (d/t)	Plural:	______
Han__ (d/t)	Plural:	______

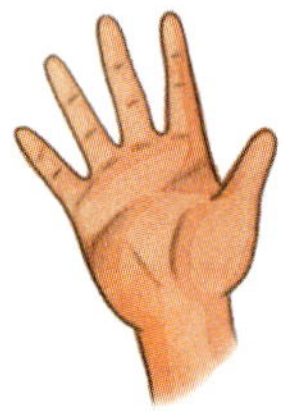

20 Immer nur *sagen* zu sagen, kann einen Text ganz schön langweilig machen. Es gibt viele andere Wörter dafür. Einige stehen hier in alphabetischer Reihenfolge. Bilde zu jedem Verb die **1. Vergangenheit** (1. Pers. Sg.) und das Perfekt (1. Pers. Pl.)! Fallen dir noch weitere Wörter für *sagen* ein?

antworten	ich antwortete	wir haben geantwortet
äußern	______	
berichten	______	

erklären

erzählen

flüstern

murmeln

plappern

reden

rufen

21 Viele Verben setzen sich aus einer Vorsilbe und einem anderen Verb zusammen. So besteht *zerknittern* aus der Vorsilbe *zer-* und dem Verb *knittern* und *verdienen* aus der Vorsilbe *ver-* und dem Verb *dienen*. Es gibt noch viel mehr Verben mit den Vorsilben *ver-* und *zer-*. Suche in deinem Wörterbuch drei Verben mit der Vorsilbe *zer-* und drei Verben mit der Vorsilbe *ver-* und schreibe sie in die folgende Liste!

Vorsilbe	**Verb**	**neues Verb**
ver	dienen	verdienen

1 one cock

2 two pigs

3 three teddy bears

6 six frogs

7 seven butterflies

8 eight sea horses

11 eleven hats

12 twelve balloons

13 thirteen flowers

16 sixteen apples

17 seventeen fish

18 eighteen moons

1. Jetzt kennst du schon die Zahlen bis 20 auf Englisch! Probier doch gleich mal aus, ob du dich noch an alle erinnern kannst, und zähle laut von 1 bis 20!

2. Wie viele dieser Figuren kannst du im Bild finden? Sage ihren Namen und die Zahl auf Englisch!

3. Zähle diese Figuren zusammen! Welche Zahl bekommst du heraus?
   - **teddy bears**
   - **frogs**
   - **pigs**

4. Male die richtige Anzahl Eiskugeln auf die Eiswaffel!

one six three

umbrella
scarf
coat-hanger
jacket
wardrobe
shirt
raincoat
T-shirt
trainers
helmet
jumper
slippers
backpack
vest
tights
socks
necklace
watch
pants
earring
glasses
gloves
cap
sandals
handkerchief

1 Hier muss man mal aufräumen! Kannst du dem Mädchen helfen? Sage ihr, welche Dinge auf dem Boden nicht in den Kleiderschrank gehören!

2 Was reimt sich? Male die beiden richtigen Bilder mit der gleichen Farbe an!

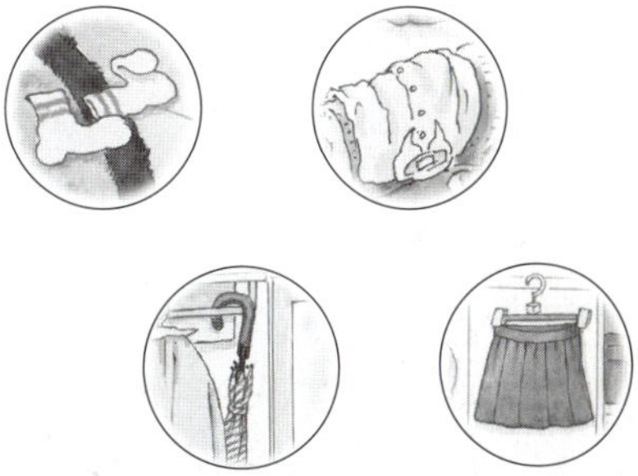

3 Welche Kleidungsstücke trägt man im Winter, welche im Sommer? Wähle aus und zeige sie auf dem Bild!

dress
scarf
T-shirt
glove
jumper

4 Der Junge sucht seine Brille! Kannst du sie finden? Weißt du auch noch ihren englischen Namen?

spices
corkscrew
cup
kitchen knife
kitchen roll
oven cloth
sieve
brush
rolling pin
sink
toaster
washing-up liquid
sponge
cooking spoon
pan
dishwasher
FLAKES
tea towe
knife
milk
plate
bread
pepper
spoon
salt
jam
egg cup
cheese
honey
sausage
roll
butter

1 In der Küche gibt es viele nützliche Gegenstände! Sage, wie diese auf Englisch heißen!

Für welche davon braucht man elektrischen Strom? Male die richtigen Bilder bunt an!

2 Gerade gibt es Frühstück, das **breakfast**! Kannst du 5 Dinge auf Englisch nennen, die man zum Frühstück isst?

3 Was gehört in den **dishwasher**? Wähle aus!

cup
tea towel
spoon
plate

4 Frühstückst du auch jeden Morgen zu Hause? Dann versuche doch mal, alle Dinge auf dem Frühstückstisch mit ihrem englischen Namen zu nennen!

marble
puppet
doll
pillow
plane
desk
computer
duvet
toy car
torch
skipping rope
stool
ball
bed
railway
brother
toy grocer's shop
jigsaw puzzle
board gam

1. Oh je, die Schwester hat nicht aufgepasst und das Spielzeug des Bruders kaputt gemacht! Womit spielt er gerade?

2. Was gehört zusammen? Zeige die Dinge auf dem Bild und benenne sie auf Englisch!

3. Was ist rund? Kannst du im Kinderzimmer 3 runde Spielzeuge finden? Zähle sie mit ihren englischen Namen auf!

4. Spielst du oft mit deinen Freunden? Sage ihnen doch beim nächsten Mal, wie ihre Spielzeuge auf Englisch heißen! Sie werden bestimmt ganz schön staunen! Wie heißt dein Lieblingsspielzeug auf Englisch?

spray
cream
sho
gel
hai
mirror
nose
mout
bath
neck
tap
ear
teeth
toothpaste
toothbrush
washbasin
child
foot
soap
face cloth
hair-dryer
bathro
brush
razor
leg
perfume
dirty clothes basket
hot-water bottle
lipstick

1. Was für ein Durcheinander! Sage den Kindern, welche Gegenstände auf dem Boden liegen und aufgeräumt werden müssen! Aber bedenke, dass sie nur Englisch verstehen!

2. Male die Schaumblasen bunt an, in denen sich Dinge befinden, die gut riechen! Kennst du ihre englischen Namen?

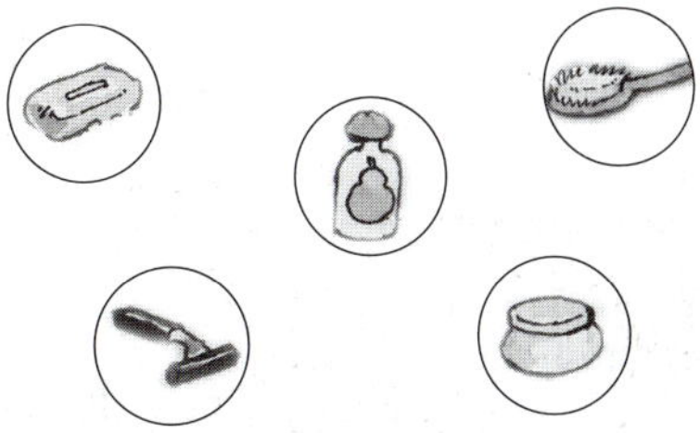

3. Sage es auf Englisch! Womit trocknest du dich nach dem Baden ab? Wo kannst du schön planschen? Womit föhnst du dir die Haare? Was brauchst du morgens und abends für deine Zähne?

4. Zeige und benenne die wichtigsten Körperteile der Kinder auf dem Bild! Kannst du dir die englischen Wörter merken?

globe
catapult
school playground
map
bookcase
book
fountain pen
file
sandwich
pupil
chair
satchel
pencil case
cap
sheet
computer

1. Das ist ein Klassenzimmer, ein **classroom**! Wie nennt man die Jungen und Mädchen darin auf Englisch? Weißt du auch, wie man die Lehrerin nennt?

2. Was gehört in die **pencil case**? Wähle aus und zeige auf dem Bild, wo die Sachen sind!
   pen
   sponge
   sandwich
   fountain pen
   coloured pencil

3. Was reimt sich auf **cap**? Suche den richtigen Begriff!

4. Findest du noch etwas in dem Bild, auf dem man die Länder der Erde sehen kann? Wie heißt es auf Englisch?

cow
pasture
calf
fence
sheep
lamb
grain
scarecrow
farmer
scythe
wheelbarrow
farmer's wife
duck
dog
goose
pitchfork
cock
cat
chick
hen
axe
manure heap

1. Hier ist es ja ziemlich laut! Findest du die richtigen Tiere zu den Geräuschen? Nenne ihre englischen Namen und zeige sie auf dem Bild!

   wau, wau   grunz   mäh

   Auf Englisch heißen diese Geräusche übrigens auch anders!

   woof-woof   oink   baa

2. Weißt du noch, wie die Kinder dieser Tiere heißen?

   cow
   sheep
   hen
   pig

3. Was braucht der Bauer auf dem Feld? Sage, wie diese Dinge heißen, und male das richtige Bild bunt an!

4. Welche Tiere auf dem Bauernhof magst du am liebsten? Kennst du ihre englischen Namen?

railway station
kiosk
SNACK BAR
church
SUPERSTORE
department store
bank
BANK
£
STORE
HOTEL
hotel
street lamp
post office
POST OFFICE
florist's
Flora's
BUS
advertising column
letter box
street musician
phone box

1 Sieht es in deiner Stadt auch so ähnlich aus? Dann kannst du bestimmt leicht herausfinden, was nicht in die Stadt gehört!

street
zebra crossing
town hall
pasture
traffic lights

2 Sind das alles Gebäude? Suche sie auf dem Bild!

railway station
church
pedestrian
cinema

3 Der Mann mit dem Hund hat es sehr eilig, er hat vergessen, ein Medikament zu kaufen! Sage ihm auf Englisch, an welchem Ort er es bekommt!

4 Rate mal! Welches Gebäude ist das? Nenne seinen englischen Namen! Hierher kommen ganz viele Kinder und lernen.

1. –

2. F G H, X Y Z, R S T, I J K, P Q R, K L M, A B C, J K L, T U V, S T U, B C D, M N O, H I J, C D E, W X Y

3. B: das Baby, S. 16
F: die Fabel, S. 34
H: das Haar, S. 46
J: ja, S. 53
L: labern, S. 62
N: der Nabel, S. 71
P: das Paar, S. 76
S: der Saal, S. 86
V: der Vampir, S. 109
Z: zackig, S. 120

4. vorn: die Gabel, die Brille, die Ampel, der Clown, das Ferkel
in der Mitte: das Nest, das Küken, die Lupe
hinten: die Uhr, der Vogel

5.

Würfel:	S. 119,	V: der Wurf, N: würfeln
August:	S. 15,	V: augenblicklich, N: aus
Tisch:	S. 104,	V: Tirol, N: die Tischmanieren
Dackel:	S. 25,	V: ich dachte, N: dadurch
Schnee:	S. 92,	V: die Schnecke, N: schneiden
reparieren:	S. 84,	V: der Rentner, N: die Republik
Herbst:	S. 48,	V: die Herberge, N: herbstlich
kaufen:	S. 56,	V: kauen, N: das/der Kaugummi
Cowboy:	S. 24,	V: die Cousine, N: die Creme
Erde:	S. 32,	V: die Erdbeere, N: das Ereignis

6. –

7. **Lösungsvorschlag:**
Abenteuer, basteln, campen, Dauerlauf, Ereignis, Fahrrad, Gameboy, hitzefrei, Instrument, Jahrmarkt, kichern, lesen, malen, Neugierde, Olympiade, Party, Quiz, Rollschuh, Schlittschuh, tanzen, Überraschung, verkleiden, Witz, Xylofon, Yoyo, Zauberei

8. Jacke, Jäger, Japan, Jeep, Job, Joghurt, Journalist, Jubiläum, Judo, Dach, Daumen, Decke, Dezember, Donner, Dorf, Drache, Dreck, Durst, Banane, Bank, Bein, Benzin, Bett, Blume, Bluse, Blüte, Bremse

9. **Lösungsvorschlag:**

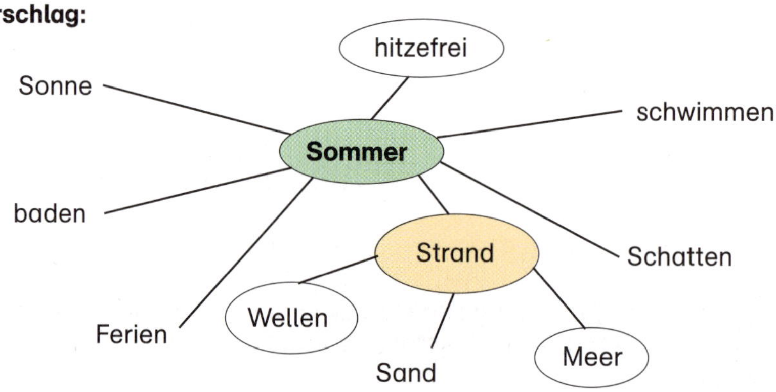

10. Banane (S. 16), Garten (S. 40), Teddy (S. 103), Pferd (S. 77), Katze (S. 56), Palast (S. 76), Stern (S. 99), Apfel (S. 13), Delfin (S. 26), Zebra (S. 121)

11.

längstes Wort	S.	kürzestes Wort	S.
C: charakteristisch	23	Café	23
G: Geschwindigkeit	43	Gel	42
X: x-beinig	120	x-fach	120
Q: quietschfidel	81	Quiz	81
V: Vorlesewettbewerb	113	vor	113
Y: Ypsilon	120	Yo-Yo	120

12.

einschlafen	ein – schla – fen
schneiden	schnei – den
reparieren	re – pa – rie – ren
probieren	pro – bie – ren
Internet	In – ter – net
langweilig	lang – wei – lig
Oktober	Ok – to – ber
Radfahrer	Rad – fah – rer
spazieren gehen	spa – zie – ren ge – hen
beobachten	be – ob – ach – ten
miteinander	mit – ei – nan – der / mit – ein – an – der
interessant	in – te – res – sant / in – ter – es – sant
Februar	Feb – ru – ar / Fe – bru – ar

13.

Wort	**Bedeutungen**
Bank	Bank zum Sitzen (Parkbank) – Geldinstitut
Schloss	Türschloss – prächtiges Gebäude
Schimmel	weißes Pferd – Schimmelpilz
Veilchen	Blume – blaues Auge
Strauß	Blumenstrauß – Vogel
Kohle	Brennmaterial – umgangssprachlich: Geld

Bank: Meine Oma setzt sich immer auf eine Bank, wenn sie im Park spazieren geht. Mein Vater muss noch Geld von der Bank holen.
Schloss: Mein Schlüssel passt nicht in dieses Schloss. König Ludwig II. ließ viele schöne Schlösser erbauen.
Schimmel: Meine Schwester reitet einen Schimmel. Auf diesem Stück Käse habe ich Schimmel entdeckt.
Veilchen: Ich schenke dir Veilchen. Hast du ein Veilchen, dein Auge ist ganz blau?
Strauß: Meine Mutter bekam heute einen Strauß Rosen. Der Strauß ist ein großer Vogel.
Kohle: Wir heizen mit Kohle. Mike ist reich, er hat eine Menge Kohle.

14. Früchtejogurt/Früchtejoghurt; Tomatenketschup/Tomatenketchup; Nachtgespenst; Geräuschkulisse; Zirkusclown; Kreuzworträtsel; Kaffeetasse; Fotoapparat; Deutschunterricht

15.

gefroren	frieren	S. 39	geschnitten	schneiden	S. 92
geschwommen	schwimmen	S. 94	gelaufen	laufen	S. 63
gerannt	rennen	S. 84	gesagt	sagen	S. 86
gegessen	essen	S. 33	getrunken	trinken	S. 105
gesessen	sitzen	S. 96	geschlafen	schlafen	S. 90
gesprungen	springen	S. 98	gebastelt	basteln	S. 17
gewusst	wissen	S. 118	geschrien	schreien	S. 93

16. wandern – wanderte; basteln – bastelte; jucken – juckte; jagen – jagte; putzen – putzte; bauen – baute; klatschen – klatschte; malen – malte; lernen – lernte

17. schreien – schrie, S. 93; laufen – lief, S. 63; springen – sprang, S. 98; lesen – las, S. 64; werfen – warf, S. 116; essen – aß, S. 33; schwimmen – schwamm, S. 94; trinken – trank, S. 105; gießen – goss, S. 44; brennen – brannte, S. 21; stehen – stand, S. 99; singen – sang, S. 96; streiten – stritt, S. 100; sitzen – saß, S. 96

18. Ein wildes Kätzchen
An einem kalten Wintermorgen saß ich mit meinem Kätzchen in meinem Zimmer. Ich hatte es erst vor gut drei Wochen bekommen. Bis auf einen weißen Fleck am Hals war Tommi ganz schwarz. Die kleine Katze hatte nur Unsinn im Kopf. Neulich erst hatte sie die Stehlampe im Wohnzimmer umgestoßen. Und auf meinen Hamster hatte sie es auch abgesehen. Sie saß oft vor seinem Käfig und streckte ihre Pfoten durch die Gitterstäbe. Da nahm ich eine Schnur und zog sie weg. Wie wild rannte Tommi hinter der Schnur her.

19.

Ber**g**	Berge	Köni**g**	Könige	Verbo**t**	Verbote	Lie**d**	Lieder
lie**b**	lieben	Hel**d**	Helden	sie lo**g**	lügen	Han**d**	Hände

20.

äußern	ich äußere	wir haben geäußert
berichten	ich berichte	wir haben berichtet
erklären	ich erkläre	wir haben erklärt
erzählen	ich erzähle	wir haben erzählt
flüstern	ich flüstere	wir haben geflüstert
murmeln	ich murmle	wir haben gemurmelt
plappern	ich plappere	wir haben geplappert
reden	ich rede	wir haben geredet
rufen	ich rufe	wir haben gerufen

21. –

Bildnachweis:
Claudia Bichler: 7, 10 l. u. 10 r.u., 11, 13 o., 14, 15, 17 r., 18 r., 19, 20 r. u. 20 l.u., 22 r., 23 r., 26, 27, 28, 29 l., 30 l., 31 o., 32, 36, 37 l.o. u. 37 r., 38, 39, 41, 42, 43 l., 44, 45 l., 46, 47, 48 r., 50 l.o. u. 50 r., 51 r., 55, 56 r.o., 57, 58 l., 61 l. u. 61 r.o., 62, 63, 64, 65 r.o., 66, 68, 70 r.u., 72 l.o. u. 72 r., 74, 75 l., 79 r., 81, 83, 84, 85 l.o. u. 85 r., 87, 88 l., 89 r., 91 o., 92, 94 l. u. 94 r.o., 95 u., 96 l., 97 o., 100 l.u. u. 100 r., 103 u., 104 r., 105, 106 l., 107, 110-118, 120 r., 121, 122, 124, 125 o., 126, 128, 129, 133, 134, 137, 138, 140
Gerlinde Keller: 4, 5, 6, 8, 10 r.o., 12, 13 u., 16, 17 l., 18 l., 20 l.o., 21, 22 l., 23 l., 24, 29 r., 30 r., 31 u., 33, 34, 35, 37 l.u., 43 r., 45 r., 48 l., 49, 50 r.u., 51 l., 52, 53, 54, 56 l. u. 56 r.u., 58 r., 59, 60, 61 r.u., 65 l. u. 65 r.u., 67, 69, 70 l. u. 70 r.o., 72 l.u., 73, 75 r., 76, 77, 78, 79 l., 80, 82, 85 l.u., 86, 88 r., 89 l., 90, 91 u., 93, 94 r.u., 95 o., 96 r., 97 u., 98, 99, 100 l. o., 101, 103 o., 104 l., 106 r., 108, 119, 120 l., 123, 125 u., 127, 131, 132, 139
Aufmacherbuchstaben: shutterstock.com, Lorelyn Medina
Katze bei Aufmacherbuchstaben: shutterstock.com, Liusa
Bildwörterbuch Englisch: Katrin Ehmann, Laurence Sartin